edition suhrkamp 2775

Computer erobern die Kunst: Sie malen wie Rembrandt, komponieren wie Bach, sie schreiben Romane und Gedichte. Geht es nach den Digitalkonzernen, ist das erst der Anfang. Künstliche Kreativität heißt das neue Leitziel: Aus Maschinen sollen Künstler werden, so selbstbestimmt und geistvoll wie der Mensch.

Hanno Rauterberg schildert in seinem Essay, mit welchem Nachdruck diese Kunst der Zukunft entwickelt wird. Und er fragt nach den Konsequenzen des bevorstehenden Epochenwandels: Wie wird sich das Selbstbild des Menschen verändern? Und was sagt es über eine Gesellschaft aus, wenn sie von Computern nicht nur Logik erwartet, sondern auch Metaphysik, Wahrheit und Transzendenz? Wird der Algorithmus zum neuen Schöpfergott – und Politik am Ende überflüssig?

Hanno Rauterberg, geboren 1967, ist Kunsthistoriker und stellvertretender Ressortleiter des Feuilletons der Wochenzeitung *Die Zeit*. In der edition suhrkamp erschien zuletzt *Wie frei ist die Kunst?* (es 2725).

Hanno Rauterberg

Die Kunst der Zukunft

Über den Traum von
der kreativen Maschine

Suhrkamp

edition suhrkamp 2775
Erste Auflage 2021
Originalausgabe
© Suhrkamp Verlag Berlin 2021
Alle Rechte vorbehalten, insbesondere das der Übersetzung,
des öffentlichen Vortrags sowie der Übertragung
durch Rundfunk und Fernsehen, auch einzelner Teile.
Kein Teil des Werkes darf in irgendeiner Form
(durch Fotografie, Mikrofilm oder andere Verfahren)
ohne schriftliche Genehmigung des Verlages reproduziert
oder unter Verwendung elektronischer Systeme
verarbeitet, vervielfältigt oder verbreitet werden.
Druck: C. H. Beck, Nördlingen
Umschlag gestaltet nach einem Konzept
von Willy Fleckhaus: Rolf Staudt
Printed in Germany
ISBN 978-3-518-12775-9

Inhalt

EINLEITUNG
Von der belebenden Macht eines Traums
7

KUNST
der Selbstüberwindung
Warum aus Computern unbedingt Künstler
werden sollen
13

GEIST
der Selbstbestimmung
Wie die kreative Gegenwart die Ideen der Autonomie
und Authentizität aussortiert
63

TECHNIK
der Selbstbefriedigung
Weshalb die Kunst ein harmonisches Bündnis
zwischen Mensch und Maschine stiftet
95

GESELLSCHAFT
der Selbsterlösung
Warum der Überwachungskapitalismus die Utopien
der Künstler braucht
159

EINLEITUNG
Von der belebenden Macht eines Traums

Eine alte, schöne, sehr seltsame Geschichte: Sie erzählt von dem Bildhauer Pygmalion, der eine Skulptur aus Elfenbein schnitzt, eine lebensgroße Frauengestalt, und er »betrachtet sein Werk mit inniger Liebe«, berichtet Ovid.[1] Doch bleibt es nicht beim Betrachten, Pygmalion umarmt und küsst seine Figur, beschenkt und kleidet sie, bis sich die tote Materie schließlich erwärmt. Was eben noch Schein war, »Kunst umhüllet mit Kunst«, wird atmendes Sein, die Frau beginnt zu leben. Und für Pygmalion erfüllt sich die alte Hoffnung des Menschen: dass die Welt ihn so innig lieben möge, wie er die Welt liebt.

Bis heute hat der antike Mythos nichts von seiner Macht verloren. Nicht nur Künstler, auch Techniker träumen nun davon, ihren kalten Objekten einen subjektiven Geist einzuhauchen. Sie möchten beseelen, was keine Seele hat, allen voran den Computer. Längst hat diese Maschine sämtliche Lebenssphären durchdrungen und ist den Menschen so nahegerückt, dass viele

---

1 Ovid, »Pygmalion«, in: *Metamorphosen*, Köln: Anaconda 2010, S. 228.

ihr Smartphone öfter streicheln als ihre Liebsten. Sie sind ihren Geräten auf pygmalionartige Weise verfallen. Und geht es nach dem Mythos, kann es nicht mehr lange dauern und die digitale Technik beginnt zu atmen und zeigt ihrerseits menschliches Verlangen.

Spricht man in der Wissenschaft vom Pygmalion-Effekt, ist damit die Kraft der Erwartung gemeint: In einem Experiment amerikanischer Forscher konnten Schüler ihren Intelligenzquotienten ungemein steigern, und das einzig deshalb, weil ihnen Psychologen eingeflüstert hatten, sie, die Psychologen, trauten den Schülern einen ungewöhnlichen Leistungsschub zu und wüssten um ihre ansteigende Intelligenz. Mit ähnlichen Verheißungen werden heute Kühlschränke, Zahnbürsten oder auch Automobile bedacht, die man mit digitaler Technik ausstattet und von denen es heißt, sie würden von künstlicher Intelligenz gesteuert und angetrieben, ja belebt. Banale Alltagsdinge sollen menscheln, ihnen wird Intellekt zugesprochen und also die Fähigkeit, der Welt mit Verstand und geschärftem Erkenntnisvermögen zu begegnen. Die tote Materie möge erwachen, sie soll den Menschen kennen und ihm ebenbürtig werden.

Künstliche Intelligenz ist zu einer zentralen Leitidee der Gegenwart geworden. Sie steht für eine andere Form des Fortschritts. Zwar geht es nach wie vor ums Geschäft, um die Entwicklung neuer Produkte, mit denen sich die Datenwirtschaft beschleunigen und die Rendite der großen Tech-Konzerne weiter steigern lassen. Doch ist die Verwandlung der symbolischen Ordnung kaum zu übersehen. Die neuen Produkte, die smarten Toaster, smarten Häuser, smarten Städte, sind etwas grundlegend anderes als Dampfmaschinen oder der gute alte Otto-Motor. Die Technik von einst mechanisierte das Dasein, und nicht selten machte sie den Menschen zum Rädchen im Getriebe. Hingegen agiert die digitale Technik in einem wolkigen Nichts und zieht weite Teile der Gegenwart eben dort hinein: in eine Sphäre der Unfasslichkeit. Die Maschinen der Digitalmoderne rußen nicht, knattern und stampfen nicht, sie bieten kein leibliches Gegenüber, sondern allenfalls eine Benutzeroberfläche. Die Wirklichkeit dieser Apparate ist eine apparierende Wirklichkeit, reduziert auf Erscheinungen, die sich jederzeit auflösen können und wie von Zauberhand über die Kontinente schweben, um möglicherweise andernorts verwandelt wiederaufzutauchen.

Nein, man muss die digitale Technik nicht mystifizieren und kann sie doch wundersam finden. Es gehört zu ihrer Metaphysik, dass sie allgegenwärtig und nirgends anwesend ist. Wie ein Myzel durchzieht sie die Gegenwart bis in die hintersten Zipfel, wer aber könnte behaupten, er kenne die Algorithmen, die sein Dasein leiten, und habe sie sogar verstanden? Wo einst Maschinenkörper waren, sind nun Maschinengeister.

Deshalb fragt dieser Essay nicht nach der Technik als Technik, er fragt nach ihrer Bedeutung. Er will erkunden, wie sie das Denken und Fühlen, wie sie das Selbst- und Weltverhältnis der Menschen neu bestimmt und ein anderes, ein postautonomes Individuum heraufbeschwört. Erst in den Pygmalion-Effekten der digitalen Maschine zeigt sich der Epochenwandel der Gegenwart in seiner ganzen Tiefe und gelegentlich auch in seiner Absurdität.

Dieser Wandel ist oft beschrieben und ausgemalt worden, mal im hohen Ton der Missionare, mal mit der Inbrunst der Untergangspropheten. Beide Lesarten haben etwas für sich, die Chancen einer globalen Umformatierung lassen sich aus guten Gründen bestaunen, zugleich sind die Gefahren nicht zu leugnen. Künstliche Intelligenz ist sowohl das eine wie das andere, schreibt der amerikanische Literaturagent John Brockman: »Sie ist die Wiederkehr des Messias und die Apokalypse in einem.«[2] Was jedoch in der Zuspitzung stets zu kurz kommt, ist der Sinn für die Dialektik der digitalen Technik. Just darin aber, in ihrer Fähigkeit, noch die erstaunlichsten Gegensätze kurzzuschalten und auf produktive Weise zu kreuzen, liegt das tiefere Geheimnis für den Erfolg der künstlichen Intelligenz. Sie will das Unvereinbare vereinen und bringt damit die Ordnung der Moderne, die immer eine Ordnung der klaren Unterschiede war, machtvoll ins Wanken.

Besonders deutlich zeigt sich die Dialektik des Digitalen auf dem Feld der Kunst. Hier treffen die Gegensätze lustvoll aufeinander, mathematisches Kalkül und haltlose Spekulation. Hier öffnet sich ein ungeahnter Raum für die Projektionen der neuen Epoche, für ihre

---

2 John Brockman, »Der Geist in der Maschine«, in: *Süddeutsche Zeitung* (14. März 2019).

pygmalionhafte Sehnsucht. Und so ist dieser Essay vor allem diesen Wunschbildern und ihren Rückwirkungen auf die Wirklichkeit gewidmet. Er will das Gedankenmodell der kreativen Maschine durchleuchten und stellt es in einen tiefen historischen Horizont. Erst hier, in einer ideengeschichtlichen Perspektive, offenbart sich, warum das Projekt einer automatisierten Kunst so verlockend und zukunftshell leuchtet.

KUNST
der Selbstüberwindung
Warum aus Computern unbedingt Künstler werden sollen

Der Zweite Weltkrieg war gerade vorbei, der Mensch hatte seine Dummheit auf besonders bestialische Weise unter Beweis gestellt, da sollten zumindest die Maschinen endlich klug sein und gelehrig. Seither wird mit forciertem Forscherwillen, ebensolcher Rhetorik und angetrieben von erstaunlichen Summen nach einer künstlichen Intelligenz gefahndet. In vielen Krankenhäusern wird sie unterdessen eingesetzt, um Krebszellen zu erkennen. In manchen Unternehmen, um die Entlassung oder Beförderung von Mitarbeitern zu empfehlen. In etlichen Gefängnissen, um die Rückfallgefahr der Einsitzenden zu prognostizieren. In den meisten Armeen, um strategisch wichtige Ziele auszumachen. Und nicht nur für Institutionen, auch für den einzelnen Menschen soll es »bald möglich sein, noch stärker als bisher über die natürlichen biologischen Grenzen unserer Sinne und Fähigkeiten hinauszugehen«, schreibt Sebastian Thrun, der als Informatiker für Google ein selbstfahrendes Auto mitentwickelt hat. »Wir werden uns an alles erinnern, jeden kennen, wir werden Dinge erschaffen können, die uns jetzt noch völlig unmöglich oder gar undenkbar erscheinen.«[1]

So vielfältig sind unterdessen die Anwendungsformen für Algorithmen, so steil ist ihre Lernkurve, dass sie die gewagtesten Vergleiche provozieren. Sogar an die Kambrische Explosion vor 540 Millionen Jahren fühlen sich manche Experten erinnert, an jene erdgeschichtliche Phase, in der Tiere mit neuen anatomischen Merkmalen entstanden. Damals schlug die Welt die Augen auf, sie wurde sehend. Jetzt soll es erneut so weit sein.

In den langen Jahrzehnten dieser Fortschrittsgeschichte, die stets als eine Geschichte des Erkenntnisgewinns und der Wahrnehmungserweiterung begriffen wurde, konnte es nicht ausbleiben, dass die Programmierer auch mit jenen zusammentrafen, die sich von Berufs wegen mit Wahrnehmungsfragen befassen, mit Künstlern. Zeitweise wurde der Computer sogar zum Assistenten der Maler oder zum Gehilfen der Komponisten, schon in den fünfziger Jahren entstanden erste kybernetische Skulpturen und sogenannte stochastische Gedichte (»Nicht jedes Dorf ist tief / nicht jeder Weg ist fern«).[2] 1968 feierte in London eine Ausstellung mit dem Titel »Cybernetic Serendipity« den brei-

---

1 Zitiert nach Richard David Precht, *Jäger, Hirten, Kritiker. Eine Utopie für die digitale Gesellschaft*, München: Goldmann 2018, S. 80.
2 Theo Lutz, »Stochastische Texte«; online verfügbar unter: {https://zkm.de/de/werk/stochastische-texte} (alle Internetquellen Stand Januar 2021).

ten Einfluss der Computertechnik auf die Künste. Und der Robot K-456, entwickelt von Nam June Paik, trat als erster nichtmenschlicher Actionkünstler in Erscheinung. Allerdings, so ausgefeilt die Zufallsgeneratoren damals schon die eingespeisten Ton-, Bild- oder Satzpartikel zu variieren und zu rekombinieren verstanden, hatte sich der Reiz einer maschinengeprägten, vom Künstler ferngelenkten Kunst doch meistens rasch erschöpft. Noch bevor diese Art der Medienästhetik die Sammlungen der großen Museen erreicht hatte, schien sie in ihrer eigenen Fortschrittseuphorie verdampft zu sein.

Erst jetzt, mit dem Aufstieg der digitalen Technik und ihrem Einzug in die Alltagswelt, vor allem seit der Jahrhundertwende, gewinnt die Begeisterung für eine Kunst der künstlichen Intelligenz neuen Raum und eine andere Selbstverständlichkeit: Mehr Künstler denn je lassen sich mittlerweile von Computerprogrammen leiten und inspirieren. Manche benutzen die Maschine als Bild- und Ideengenerator, andere begeistern sich für das futuristische Flair der Technik, Dritte interessieren sich für eine kritische Reflexion der Algorithmen, die so gut wie alle Lebensbereiche prägen und verändern. Auch die Kunst selbst wird von dieser Veränderung erfasst. Und das vor allem markiert den entscheidenden Unterschied zu den Frühphasen der medialen Ästhetik.

In der Digitalmoderne wandelt sich der Status der künstlichen Intelligenz: Sie soll nun weit mehr sein als nur der Spielgefährte der Künstler, sie soll sich emanzipieren. Eben war sie noch ein Instrument, jetzt traut man ihr zu, dass sie selber weiß, was Kunst bedeutet. Sie soll kreativ werden und schließlich eine Künstlerin eigenen Rechts.

Erstaunlich viele Programmierer an Hochschulen, in den Ateliers und den Big-Tech-Unternehmen des Silicon Valley wagen sich hinaus in die Grauzone des Unberechenbaren. Sie machen sich auf, um die künstliche Intelligenz, diese »Herrschaft der Regel« (Bettina Heintz), mit ihren eigenen Mitteln zu überschreiten. Sie arbeiten, das lässt sich ohne allzu große Übertreibung sagen, an einem Apollo-8-Moment: 1968 hatten die Astronauten der amerikanischen Mondmission das berühmte Earthrise-Foto machen können und damit erstmals ein Außerhalb sichtbar werden lassen, einen überirdischen Blick auf die Erde. Jedes gute Kunstwerk leistet dem Prinzip nach etwas Ähnliches, es nimmt Abstand, es entrückt die Wirklichkeit dem Unmittelbaren. Gelänge es also, aus dem Computer einen Maler, Komponisten oder Schriftsteller zu machen, wie es den Programmierern vorschwebt, dann wäre dies ein Moment der Entrückung der Maschine von ihrer Maschinenhaftigkeit. Im Traum von der kreativen Maschine gewinnt die Maschine ein Bild ihrer selbst – und wir ein anderes Bild von ihr und von uns.

***

Nichts scheint zunächst abwegiger als das: der Rechenknecht soll unzurechnungsfähig werden. Soll traumlos aufbrechen ins Reich der Fantasie. Leiblos soll er plötzlich wissen, was Exzess heißt, was Begehren, was Rausch. Wie soll das gehen, dass ein Computer, den keine Gefühle belasten, davon erzählt, was Liebe heißen mag und was Schrecken? Wie kann er wissen, was Todesangst bedeutet, da er nicht sterben, nur kaputtgehen kann? Ihm fehlt die »innere Unendlichkeit« (Armin Nassehi), und doch soll es denkbar werden, dass kalte Materie etwas kennt vom Schönen. Dass sie erahnt, wie Aberwitz, wie Lakonie, wie Zynismus in einem Bild, einem Buch, einem Lied zu fassen und zu formen wären.

Es gibt noch längst keine künstliche Intelligenz, die tatsächlich wüsste, was Kunst ist. Andererseits ergeht es den meisten Menschen nicht anders. Selbst kluge Philosophen haben ihre Mühe damit, einen fruchtbaren Begriff für das zu entwickeln, was Kunst von Nicht-Kunst unterscheiden könnte. Sie kennen übrigens auch kein gültiges Modell für das, was Intelligenz ausmacht. Doch ist dieses Nicht-Wissen ein deutlich anderes als das der Apparate, denn diese ringen nicht um Begriffe, und bislang schreiben sie weder philosophische noch soziologische Bücher über Kunst. Computer sind dafür gemacht, einer klaren, unzweideutigen Regel zu gehorchen, ihre Transistoren folgen dem Ausschließlichkeitsprinzip, das die Null kennt und die Eins. Alles, was dazwischenliegen könnte oder dahinter oder darüber, alles, was der Mensch als sanftes Kontinuum wahrnimmt, bleibt für sie dem Prinzip nach unberechenbar. Auf nonbinäre Fälle, Fälle, in denen paradoxerweise Null und Eins gleichzeitig gelten, können Computer kaum anders als mit Absturz reagieren.

Sie haben keine Interessen. Sie arbeiten an dem, was ihnen aufgetragen ist, streng mit Wahrscheinlichkeiten. Die Kunst hingegen bewegt sich im Unwahrscheinlichen, ja im Scheinhaften, und wer diese Scheinhaftigkeit auf mathematische Weise programmierbar machen will, begeht, rein logisch betrachtet, einen Kategorienfehler. Nur darf man die suggestive Kraft solcher Unlogik nicht unterschätzen. Bereits der Versuch einer Verschwisterung der agonalen Sphären verändert das allgemeine Bild des Computers. Offenkundig traut man ihm zu, ein anderer zu werden, offenkundig gibt es kluge und vermögende Menschen, die sich das Unvorstellbare unbedingt vorstellen wollen – und allein dieses Zutrauen eröffnet höchst ungewohnte Perspektiven. Neben den Unterschieden werden Ähnlichkeiten sichtbar.

***

Dazu gehört zuallererst das Uneigentliche: Wie die Kunst agiert auch der Computer in einer Wirklichkeit, die nicht das Leben selbst ist. Beide öffnen einen Möglichkeitsraum, der größer nicht sein könnte, und beide sind ihrem Wesen nach metamorphotisch, ewig wandelbar und an keine Gestalt gebunden. Diese Ungebundenheit unterscheidet die Kunst vom Design und den Computer von einer klassischen Maschine, von einer Kettensäge zum Beispiel. Die Säge ist zum Sägen bestimmt, das Gerät des Programmierers hingegen bleibt so undeterminiert wie die Leinwand eines Malers. Es gibt keinen entschiedenen Zweck, vielmehr gründet die Kunst bekanntermaßen in einer »zweckfreien Zweckmäßigkeit« (Immanuel Kant). Ebenso wenig ist der digitalen Maschine eingeschrieben, was sich in ihr abspielen, wem sie auf welche Weise dienlich sein soll. Und so ist in beiden Fällen die Einbildungskraft gefragt. Ohne sie, ohne die Bereitschaft, der Unbestimmtheit einen Sinn zu unterlegen und diesen zu formulieren, bleibt nur nackte Potenzialität. Kunst und Computer sind uneigentlich, weil sie unbestimmt sind.

Diese Offenheit lässt sich als Freiheit erfahren, vor allem als eine Freiheit der Ideen. Die Kunst muss keine Kuchen backen und kann doch mit Worten und Bildern etwas herstellen, das als idealer Kuchen erscheint, ohne ein Kuchen zu sein. Mit Computern, diesen »unsichtbaren Maschinen« (Niklas Luhmann), verhält es sich nicht viel anders: Auch sie leben von der Illusion, auch sie entmaterialisieren das Analoge, überführen es in etwas Zeichenhaftes und begründen so eine eigene, abstraktere Form des Realen.

»Mit der Maschine tritt die menschliche Gesellschaft aus der kosmologischen Ordnung heraus«, sagt der Philosoph Martin Burckhardt.[3] Er weist darauf hin, dass Mechanik wortgeschichtlich als List verstanden werden kann, als ein Betrug an der Natur. Vergleichbar

---

3 Martin Burckhardt, *Philosophie der Maschine*, Berlin: Matthes und Seitz 2018, S. 41.

ist schon früh auch die Kunst als ein solcher Akt des Hintergehens gesehen worden, als eine Täuschung, auf die selbst die Natur hereinfällt, etwa bei einem Gemälde des Zeuxis, von dem es in der berühmten Künstleranekdote heißt, die Vögel hätten seine gemalten Trauben anpicken wollen, weil sie so verlockend wie die Trauben an einem echten Weinstock wirkten.

Es ist dieses Vermögen, Abwesendes anwesend sein zu lassen, das in der Digitalmoderne zu einer tragenden Selbstverständlichkeit geworden ist. Das gilt für Menschen, die sich dank der Technik in Ton und Bild begegnen, ohne beieinander zu sein. Das gilt aber auch für die Künste, denn niemand muss sie mehr zwingend als Objekt kaufen und sammeln, niemand sie mehr leibhaftig aufsuchen, um ihrer teilhaftig zu werden. Bücher, Bilder, Filme und Musik lösen sich auf in einen Datenstrom, gehorchen mithin den technischen Usancen des Computers, seiner Logik, und können sich auf diese Weise mühelos verbreiten und vermehren. So vereinen sich in diesem Strom das Uneigentliche der digitalen Maschine und das Uneigentliche der Kunst. Es entsteht eine doppelt unwirkliche Wirklichkeit.

Schon deshalb muss es nicht zwangsläufig absurd erscheinen, im Computer einen Ort der ästhetischen Erfahrung und auch der künstlerischen Produktion erblicken zu wollen. Wenn Burckhardt recht hat und es stimmt, dass der Mikroprozessor »einen symbolischen Raum« markiert, »in dem die Gesetze der Welt dispensiert sind – und statt der Realwirtschaft eine neue, andere Ökonomie herrscht«, dann fällt es nicht schwer, diesen symbolischen Raum mit dem der Ästhetik zusammenzudenken. Technik ist Gestaltung von Welt; auf ihre Weise ist die Kunst nichts anderes.

***

Eine solche ontologische Wahlverwandtschaft der beiden Welten ist es, auf die sich viele Entwickler und Programmierer in ihrer Arbeit berufen können. Ihre Maschinen sollen das Sehen, Hören und Tasten lernen, sollen einordnen, was sie gesehen, gehört, ertastet haben, und mit diesen Eindrücken ein künstlerisches Vermögen ausbilden. Beschleunigt wird dieser Lernprozess durch den jüngsten technischen Fortschritt, konkret durch die ungeheuren Datenmengen, die sich mit der Entwicklung des Internets und dank der sozialen Medien und mobilen Endgeräte aufgebaut haben und weiter aufbauen werden. An nur zwei Tagen produziert die Menschheit inzwischen ein Datenvolumen, das jenem entspricht, das seit Beginn der Zivilisation bis zum Jahr 2003 entstanden war.[4] Aus der analogen ist eine erfasste, eine maschinell auslesbare Welt geworden.

Sogenannte neuronale Netze bedürfen dieser Datenmassen, denn anders als ein Kleinkind können sie nicht anhand weniger Beispiele eine triftige Hypothese entwickeln. Sie brauchen Bilderfluten, nur so können sie einigermaßen verlässliche Erkennungsmuster erstellen

---

4 Marcus du Sautoy, *The Creativity Code. Art and Innovation in the Age of AI*, Cambridge: 4th Estate 2019, S. 62.

und etwa das Foto eines Hundes von dem einer Katze unterscheiden. Ohne solche Muster wäre der Computer auf sehende Weise blind: Ihn erreichten Hunderttausende Lichtpunkte, doch könnte er die Pixelmuster nicht abgleichen und nichts darin erfassen.

Das Durchmustern wird notwendigerweise von Menschen angeleitet. Sie sind es, die den Algorithmus, also die Handlungsvorschrift der Maschine, bewerten müssen: Hat er eine Katze ausgemacht, wo eine Katze zu sehen ist? Oder lässt er sich täuschen und das Bild zeigt in Wahrheit ein Meerschweinchen? Die Technik verlangt Überwachung und Nachjustierung. Doch gibt es unterdessen auch Programme, die ohne solche Feedbackschleifen auskommen. Sie entwickeln selbst die Muster, die sie für die Auswertung brauchen. Ohne dass der Mensch ihnen vorgeben müsste, wonach sie genau suchen sollen, halten sie Ausschau nach möglichen Korrelationen – »unüberwacht« (*unsupervised*), wie die Experten sagen.[5]

***

Auf vergleichbare Weise, schweifenden Blicks, schauen auch etliche Künstler auf die Welt und entdecken dort Zusammenhänge und Abhängigkeiten, wo sie niemand vermutet hätte. Insbesondere in Collagen und assoziativ zusammengestellten Objektkonstellationen greift

---

5 Thomas Ramge, *Mensch und Maschine. Wie Künstliche Intelligenz und Roboter unser Leben verändern*, Ditzingen: Reclam 2018, S. 48.

diese Art von Mustererkennung: Künstler verbinden das Unverbundene und finden es »schön, wie das zufällige Zusammentreffen einer Nähmaschine und eines Regenschirms auf einem Seziertisch«, so der berühmte Satz des Dichters Lautréamont.[6]

Auch Museen arbeiten nach diesem Prinzip der Assoziation und Analogiebildung, wenn sie zum Beispiel thematische Ausstellungen erarbeiten. Kuratoren wie Künstler lassen sich dabei nicht selten von den Methoden anregen, die der Kunsthistoriker Aby Warburg zu Beginn des 20. Jahrhunderts entwickelt hatte. Über die Epochen hinweg fahndete er nach verbindenden Pathosformeln und symbolischen Verwandtschaften in Kunst und Kultur und machte, könnte man sagen, unsichtbare Muster sichtbar.

»Diese Art von hyperdimensionaler Repräsentationssprache ist dem subjektiven Empfinden der Intelligenzsignatur von KI sehr ähnlich«, schreiben die Künstlerin K Allado-McDowell und der Kurator Ben Vickers.[7] Und so erscheint in dieser Perspektive die kreative Maschine schon deshalb als künstlerisch begabt, weil sie wie eine hochgebildete Kunsthistorikerin den Fundus der Geschichte zu sichten und zu sortieren weiß. Nebenbei kann man sie damit beauftragen, nach

---

6 Zitiert nach Katia Tangian, »Avant la lettre: mit Schirm, Charme und Lautréamont«, ARTSetc (19. April 2020); online verfügbar unter: {https://www.artsetc.de/post/avant-la-lettre-mit-schirm-charme-und-lautréamont}.

7 K Allado-McDowell und Ben Vickers (Hg.), *Atlas of Anomalous AI*, Ignota Books, ohne Ort, 2020, S. 19.

möglichen Fälschungen Ausschau zu halten, denn noch die kleinste Abweichung von den typischen Gestalt- und Formprinzipien eines Künstlers vermag sie aufzuspüren, im Zweifel umsichtiger als menschliche Experten und in jedem Fall unbestechlich.

***

Doch versteht sich das Machine Learning nicht nur auf die eigenständige Ausprägung von Mustern, mit denen sich diffuse Datenmengen ordnen und in eine nachvollziehbare Gestalt bringen lassen. Es gibt auch Programme wie Deep Dream von Google, die auf bereits bestehende Bilder zugreifen und diese verfremden, indem sie einem assoziativen Prinzip folgen. Die Software schneidet dabei einzelne Teile des Bildes heraus und setzt an deren Stelle Elemente, die sie vergleichbaren Bildern in der Datenbank entnimmt. Ein KI-Surrealismus entsteht, in dem sich »menschliche Münder zu Echsen und Ohren zu Vögeln verformen oder Naturaufnahmen sich in psychedelischen Mustern verlaufen«.[8]

Manche neuronalen Netzwerke sind zudem in der Lage, selbst Bilder zu generieren, wenn sie beispielsweise angewiesen werden, einen Vogel mit roter Brust und langem Schnabel zu entwerfen. Sie greifen dafür

---

8 Mads Pankow, »Künstliche Kreativität«, in: Dominik Landwehr (Hg.), *Machines and Robots: Edition Digital Culture 5*, Basel: Merian 2018, S. 48-58, hier S. 54.

nicht auf ein Archiv von Vogelbildern zu, um daraus das entsprechende Exemplar hervorzuholen. Vielmehr erfinden sie die Tiere, aufbauend auf spezifischen, zuvor entwickelten und abgespeicherten Mustern. Sie »malen sich diese Bilder gewissermaßen selbständig im Geiste aus«, formuliert der Computeringenieur Christoph Angerer, dessen Firma Nvidia auf Grafikprozessoren spezialisiert ist.[9]

Auch Porträts von Menschen, die nie gelebt haben und also nur im Virtuellen existieren, lassen sich auf diese Weise frei erfinden. In ihrer Erscheinung werden sie vom Wunsch der Auftraggeber konstruiert, in ihrer konkreten Bildlichkeit aber von der Maschine entworfen.[10] Ebenso gibt es Programme, die eine Landschaft von Vincent van Gogh so umgestalten können, dass sie aussieht, als habe Claude Monet sie gemalt. Und ähnlich mühelos verwandelt der Computer ein Pferd in ein Zebra oder ein Zebra in ein Lama. Sie kreuzen die unterschiedlichsten Stil- und Formmerkmale, was selbst in angesehenen Wissenschaftsmagazinen als Indiz dafür gewertet wird, dass digitale Maschinen in der Lage seien, »zwei durch und durch menschliche Züge zu entwickeln: Kreativität und Fantasie«. Die mensch-

---

9 Christoph Angerer, »Revolution für die Wissenschaft?«, in: *Spektrum* (13. Dezember 2017); online verfügbar unter: {https://www.spektrum.de/magazin/revolutionieren-neuronale-netze-die-wissenschaft/1520773}.
10 Beispiele hierfür finden sich auf der Website: {https://thispersondoesnotexist.com}.

liche Vorstellungskraft lasse sich »recht einfach automatisieren«.[11]

Zum selben Schluss gelangt der Neurowissenschaftler Matthias Bethge, dessen Farb-Form-Experimente mit künstlicher Intelligenz eigens von der deutschen Bundesregierung gefördert werden. In seinen Augen, sagt Bethge, zeige maschinelles Lernen grundsätzlich alle Merkmale von Kreativität: Die künstliche Intelligenz »sammelt Erfahrungen, analysiert Strukturen, löst sich dann von der Vergangenheit und schafft auf dieser Basis etwas Neues, Überraschendes. Anders macht das ein kreativer Mensch auch nicht.«[12]

***

Solche Einschätzungen mag man voreilig finden oder hochmütig. Hier wird so getan, als müsse man bloß die technischen Kapazitäten weiter ausbauen, schon könne das Prinzip der Kreativität, »eine der letzten menschlichen Bastionen« (Manuela Lenzen), von Maschinen eingenommen werden. Diese bemerkenswerte Selbstgewissheit ist nicht untypisch für das Denken im Silicon Valley, das für jedes Problem, auch für jedes ästhetisch-geistige, eine Lösung verspricht. Allerdings

---

11 George Musser, »Artificial Imagination: How Machines Could Learn Creativity and Common Sense, among other Human Qualities«, in: Scientific American 5 (2019), S. 58-63, hier S. 59.
12 Zitiert nach »KI spielt die Musik« (13. Februar 2020); online verfügbar unter: {https://www.bundesregierung.de/breg-de/aktuelles/ki-in-der-kultur-1720970}.

kann sich der Solutionismus in diesem Fall mit einiger Berechtigung auf Erfolge bei vergleichbaren Projekten berufen, Projekten, die zunächst aussichtslos wirkten, weil sie das Reich des Berechenbaren zu verlassen schienen. Am Ende durften die Entwickler indes staunen, über ihre Programme und über die Macht der eigenen Zuversicht. »Die Technik wird nichttrivial«, schreibt Dirk Baecker. »Sie verknüpft nicht mehr eindeutig Ursache mit Wirkung, sondern interveniert in ihre eigenen Abläufe, kontrolliert sich selbst und wird kausal undurchschaubar.«[13]

Noch vergleichsweise leicht war es für die Programmierer, ein Schachprogramm zu entwickeln, mit dem sich in den neunziger Jahren der damalige Weltmeister Garri Kasparow entthronen ließ. Hingegen hielt man es lange für unmöglich, auch für das asiatische Strategiespiel Go ein aussichtsreiches Programm zu schreiben, denn erfolgreich lässt sich dieses Spiel, das von Kennern nicht selten mit Kunstwerken verglichen wurde, nur mit großer Erfahrung und Intuition bestreiten – und Intuition traute man Maschinen so wenig zu wie Kreativität. Dennoch machten sich die Programmierer daran, eine Software namens AlphaGo zu entwerfen, ausgestattet mit enormer Rechenleistung, geschult aber auch mit einer deutlich komplexeren Lernmethode als zuvor bei den Schachprogrammen. Der neu entwickelte Algorithmus war 2016 in der Lage, gegen den Groß-

---

13 Dirk Baecker, *4.0 oder Die Lücke die der Rechner lässt*, Leipzig: Merve 2018, S. 180.

meister Lee Sedol aus Südkorea anzutreten und ihn zu besiegen, dank einer gänzlich unerwarteten Spielweise.

Manchen Beobachter des Duells erschien sie befremdlich, anderen als geradezu fehlerhaft, denn AlphaGo hatte die übliche Vorstellung eines klugen, strategisch zielführenden Spiels durchkreuzt, ohne jedoch die Regeln zu brechen. Erst damit, durch das unkonventionelle Vorgehen der Maschine, »eine geniale Mischung aus Mustererkennung, Statistik und Zufallsgenerator«,[14] konnte sie diese und viele weitere Partien für sich entscheiden und den Eindruck erwecken, es agiere in ihr tatsächlich ein kreativer oder sogar überweltlicher Geist. »Es ist kein menschlicher Zug. Ich habe nie einen Menschen einen solchen Zug machen sehen«, berichtete einer der Beobachter. Und gerade das, diesen transgressiven Akt, habe er als »so schön, so schön« empfunden.[15]

Gesteigert wurde der Eindruck von Erhabenheit noch dadurch, dass niemand, auch die Programmierer nicht, zu sagen vermochten, wie das Programm auf seine Strategie verfallen war und warum es nicht ganz andere Spielzüge bevorzugt hatte. Die Erfahrung mit AlphaGo erschien als eine Erfahrung von Undurchschaubarkeit. Auch andere Neuroinformatiker berichten davon,

---

14 Ramge, *Mensch und Maschine*, S. 40f.
15 Cade Metz, »How Google's AI Viewed the Move no Human Could Understand«, in: *Wired* (14. März 2016); online verfügbar unter: {https://www.wired.com/2016/03/googles-ai-viewed-move-no-human-understand/}.

dass die Systeme der künstlichen Intelligenz mit ihren Abermillionen Verknüpfungen derart verzweigte Lösungswege einschlagen, dass sie sich am ehesten als Rhizom verstehen lassen. Nicht nur die Programmierer, auch die Systeme selbst können nicht rekonstruieren, wie ihre Entscheidungen verlaufen und warum sie zu welchen Schlüssen gelangen.[16] In der Fachwelt nennt man es das Black-Box-Problem, rätselhaft und dazu angetan, der Technik zu menschlichem Anschein zu verhelfen.

Denn typischerweise weiß auch der Mensch nicht zu sagen, was eine intuitive Entscheidung leitet und auf welchem Wege ihn ein Geistesblitz, ein kreativer Einfall ereilte. Selbst die Frage, ob sich Kunst überhaupt erlernen lässt, ob sie auf Formeln reduziert und für Didaktik tauglich gemacht werden kann, ist weithin umstritten und wird in der Regel bezweifelt.

***

Tatsächlich ist die Kunst, vor allem die moderne, oft als geheimnisvoll beschrieben worden, eine Quelle der Inspiration, nicht auszuschöpfen und in ihrer Tiefe unergründlich. So vermag das berühmte *Schwarze Quadrat* von Kasimir Malewitsch ähnliche Assoziationen zu wecken wie der schwarze Kasten der neuronalen Netze. Anders jedoch als Go ist die Kunst kein Spiel mit gesetzten Regeln, die unbedingt beachtet werden müs-

---

16 Ramge, *Mensch und Maschine*, S. 27.

sen und über deren Einhaltung ein Schiedsrichter wachen würde. Es gibt in der Kunst auch keine Gewinner wie im Sport, keine Verlierer wie bei einer Lotterie. Das Wissen um die Kunst ist implizit, es gibt keine allgemein gültigen Gesetze, die sich einer Maschine per Programmcode mitteilen ließen. Und sie kann ihre Daten schon deshalb nicht strategisch sinnvoll sortieren und zielgerecht sichten, weil es schlicht keine Ziele gibt, die so eindeutig festgelegt und bezifferbar wären wie beim Fußball oder in einer Quizshow.

Was es aber gibt, ist Verwunderung über das Unerwartete (»so schön, so schön«) und Freude an der Simulation. Vor allem darauf setzen die Programmierer, um ihren Traum von der kreativen Maschine voranzutreiben: Nicht die Idee einer radikalen Alterität, nicht der Bruch mit dem Kanon leitet ihre Arbeit, sie bauen auch nicht darauf, in naher Zukunft eine mathematische Formel für Inspiration oder ein neuronales Netz mit menschenähnlichem Selbstbewusstsein zu finden. Vielmehr arbeiten sie mit Suggestionen und nutzen damit eine alte, schon in der Antike bewährte Künstlertechnik: Ihre Maschinen erzeugen bildliche, klangliche, sprachliche Effekte, und solange diese als eindrucksvoll und kunsthaft gelten, wähnen sie sich auf dem richtigen Weg.

Zielte die Kunst lange auf einen Ausdruck maximaler Natürlichkeit, so dass die Werke zu atmen, zu sprechen, zu duften und sogar die Tauben zu täuschen schienen, ist nun nicht eine besondere Natur-, sondern eine besondere Kunsthaftigkeit gefragt. Sie soll nicht

Gottes Schöpfung ähneln wie noch in der Renaissance; sie soll wie die Schöpfung eines Künstlers wirken.

Ob in der Musik, in der Malerei oder im Film, überall entstehen Programme, die vertraute Kunstwerke durchleuchten, eingängige Muster in Gemälden oder Kompositionen freilegen und diese so geschickt rekombinieren, dass sie den Originalen zum Verwechseln ähnlich sind. Auf diese Weise werden zum Beispiel neue Choräle entwickelt, die klingen, als stammten sie von Johann Sebastian Bach. In einem Blindtest vermochten weder Laien noch ausgewiesene Kenner die digitale Komposition als solche zu erkennen. Im Gegenteil, in den Ohren der Mehrheit klang der neu erschaffene Choral als besonders wahrhaftig, originaler als das Original von Bach.

Sieben Jahre hatte David Cope, ein Professor für Musikwissenschaft, an der Software namens EMI (Experiments in Musical Intelligence) gearbeitet, dann konnte sie 5000 Choräle im Bach-Stil an nur einem Tag erstellen. EMI entwickelte rasch die Fähigkeit, auch andere Komponisten täuschend echt nachzuahmen, etwa Igor Strawinsky oder Frédéric Chopin. So konnte Douglas Hofstadter, der schon den Bach-Blindtest geleitet hatte, bei einer Vorlesung an der Eastman School of Music in Rochester, New York, miterleben, wie weite Teile der Fakultät von einer maschinell erstellten Mazurka getäuscht wurden. Die Zuhörer ahnten zunächst nichts, erst nach dem Konzert wurde ihnen die Wahrheit offenbart und eine Teilnehmerin, die den falschen Chopin ebenfalls für den richtigen gehalten hatte, berichtete von den Reaktionen des Publikums: Es habe »ein kollektives Keuchen« und »freudiges Entsetzen« über die eigene Fehleinschätzung gegeben. »Ich habe noch nie erlebt, dass so viele Theoretiker und ihre Komponisten auf einen Schlag aus ihrer Selbstgefälligkeit herausgerissen wurden (mich eingeschlossen)! Es war wirklich etwas Schönes.«[17]

So wie AlphaGo hatte auch EMI für einen Moment der Erhabenheit gesorgt, in dem sich etwas Unfassliches vollzog und das eigene Erschrecken als beglückend erfahren wurde. Abermals war es einem Programm gelungen, die gültigen Regeln – und im Falle der Komponisten: die üblichen Muster der Musik – so zu variieren, dass sich auf ihrer Grundlage etwas entwickeln ließ, das ebenso überraschend wie überzeugend wirkte. Es war auch hier nicht die Kunst im engeren Sinne, es war der performative Akt, die verstörende Täuschung, die »freudig entsetzt« aufgenommen wurde. Das vertraute innere Bild, das ein Bild der Einmaligkeit zu sein schien, verschwand und tauchte in anderer, gleichwohl gewohnter Form wieder auf.

Vergleichbare Effekte erzeugen auch jene Programme, die das Werk einer Schriftstellerin analysieren, um im selben Stil eine Novelle zu schreiben oder der *Harry-Potter*-Saga ein weiteres Kapitel hinzuzufügen. Auch in der Lyrik finden sich zahlreiche Beispiele für

[17] Daniel MacDonald, »Sounds like Bach – Douglas Hofstadter and Formalism in Classical Music«, Imagining History (8. November 2009); online verfügbar unter: {http://imagininghistory.blogspot.com/2009/11/sounds-like-bach-douglas-hofstadter-and.html}.

einen Algorithmus, der als Dichter ausgewiesen wird, obgleich er nur gängige Satz- und Wortmuster neu arrangiert, ohne dass man behaupten könnte, hier hätte eine Maschine eine tiefere Bedeutung erfasst und zum Ausdruck bringen wollen.

Erst recht gilt das für technische Manipulationen, die von enormer Rechenleistung zeugen und vor allem darauf aus sind, ebendiese Rechenleistung auszustellen und zu dramatisieren. Eine Szene aus *Terminator 2* beispielsweise wird so umgearbeitet, dass nun Sylvester Stallone anstelle von Arnold Schwarzenegger dort aufzutreten scheint, weil seine Figur in den Film hineingerechnet wurde. Auf ähnliche Weise wird der verstorbene James Dean reanimiert, um noch einmal auf der Leinwand auftreten zu können. Und ohne Weiteres lässt sich Bob Dylans Stimme per Computerprogramm so arrangieren, dass es klingt, als gäbe er einen Song von Britney Spears zum Besten.

***

Doch begnügen sich die Entwickler keineswegs damit, den Computer wie ein Zirkuspferd immer neue Kunststückchen vorführen zu lassen. So gewinnen die spezifischen, maschineneigenen Qualitäten zunehmend an Bedeutung, in Onlinemagazinen wie *CuratedAI* zum Beispiel, die regelmäßig literarische, mit künstlicher Intelligenz produzierte Werke vorstellen. Auch gibt es vereinzelte Wettbewerbe wie einen Songcontest in den Niederlanden, für den nur Stücke zugelassen werden, die mit Hilfe eines Algorithmus entstanden sind. Hier ist es nicht mehr der Vergleich mit einem Original, ist es auch nicht die verlockende Täuschung, die den Reiz ausmachen. Vielmehr sollen die Musikstücke aus sich heraus überzeugend wirken und in Konkurrenz miteinander ihre Eigenart beweisen.

Zudem wächst der Ehrgeiz, die semantischen Fähigkeiten der Maschinen weiterzuentwickeln, um irgendwann den Computer auch als verständiges Gegenüber begreifen zu können. Insbesondere der Textgenerator GPT-3, entwickelt mit den Spendengeldern unter anderem von Microsoft und Elon Musk, ist darauf angelegt, größere Sinnzusammenhänge zu erkennen und zu reproduzieren. So wurde er 2020 vom *Guardian* instruiert, einen Leitartikel zu schreiben, in dem das Programm ausführlich begründen sollte, warum künstliche Intelligenz keine Gefahr für den Menschen darstelle. »My brain is boiling with ideas!«, heißt es darin, was unterstellt, dass die Maschine erstens ein Ich besitzt, das »Ich« sagen kann, zweitens über ein Gehirn verfügt, das drittens in der Lage ist, »übersprudelnde« Ideen zu produzieren.[18] Allerdings folgte der Leitartikel einer klaren Vorgabe und war mit einer Einleitung versehen, formuliert von der Redaktion, damit sich für den Computer erkennen ließ, in welchem Ton der Text gehalten werden und welchen Thesen er sich widmen

---

18 GPT-3, »A Robot Wrote this Entire Article. Are You Scared yet, Human?«, in: *The Guardian* (8. September 2020); online verfügbar unter: {https://www.theguardian.com/commentisfree/2020/sep/08/robot-wrote-this-article-gpt-3}.

sollte. Zudem entstand nicht ein, es entstanden acht Texte, die anschließend von Menschenhand so bearbeitet, man könnte sagen: redigiert wurden, dass am Ende ein bündiger Essay gedruckt werden konnte.

***

So bleiben selbst Maschinen, die so leistungsstark, so datensatt sind wie mit GPT-3 ausgestattete Apparate, darauf angewiesen, sich an menschengemachten Vorgaben und Formulierungen anzulehnen. Sie wissen um klangliche, bildliche, semantische Phrasen, sie können dank einer ausgeklügelten Wahrscheinlichkeitsrechnung ermessen, in welchem Kontext eine bestimmte Formulierung in aller Regel steht. Und doch müssen sie es am Ende dem Menschen überlassen, die maschinellen Hervorbringungen mit tieferem Sinn auszustatten. Sie können nicht denken, weil Denken das ist, »was sich zwischen den Wörtern und Sätzen abspielt, eine Bewegung, die sich nicht dingfest machen lässt«.[19] Die Computer bleiben, zumindest in dieser Hinsicht, bedürftig. Sie verfügen über eine schwache Form von Kreativität, die geläufige Sprech- oder Klangmuster zu reproduzieren vermag, viel mehr jedoch nicht.

Ein künstlich intelligentes System wäre erst dann in einem umfassenderen Sinne kreativ, wenn es sich selbst als schöpferisch wahrnehmen und auch so beschreiben

---

[19] Richard David Precht, *Künstliche Intelligenz und der Sinn des Lebens*, München: Goldmann 2020, S. 140.

könnte. Besser noch, die Maschinen würden untereinander konkurrieren, weil sie neidvoll beobachtet hätten, wie kreativ einige von ihnen sind. Sie fühlten sich herausgefordert, ebenfalls eine besondere Kunstfähigkeit auszubilden. Sie müssten also um ihre eigene Stärke wissen und ebenso um ihre eigene Begrenztheit. Es wäre ihnen bewusst, dass sie sich sehr wohl täuschen können, was ja in der Tat passiert, wenn ein Bilderkennungssystem zu dem Schluss gelangt, bei einem Hundegesicht handele es sich um einen Muffin, obwohl bei dem Hundebild lediglich ein paar Pixel verändert worden waren.[20]

Kunst braucht nicht bloß kreative, sie braucht auch soziale Intelligenz, ein gesellschaftliches Gespür dafür, welche aus den Abertausend Form- und Bedeutungsmöglichkeiten die richtige sein könnte und wie für ein bestimmtes Publikum eine angemessene Wahl zu treffen wäre. Erst in diesem gesellschaftlichen Sinn gewinnen Künstler ein Verständnis für das, was sie tun oder besser lassen sollten.

Seit Jahren schon sollen Algorithmen ein Äquivalent für dieses Gespür entwickeln, weshalb auf dem Film-, Musik- oder Buchmarkt die Nachfrage genau ausgewertet wird. Tatsächlich übermitteln Endgeräte aufschlussreiche Daten darüber, wann die Leser am Kindle die Lektüre einstellen oder die Netflix-Kunden bei einer neuen Serie aussteigen. Doch die Rückschlüs-

---

20 Manuela Lenzen, *Künstliche Intelligenz. Fakten, Chancen, Risiken*, München: C. H. Beck 2020, S. 56.

se aus diesen Befunden sind in der Regel mager und unzuverlässig. Selbst die gründlichste Analyse hat bislang keine Formel hervorgebracht, die künftige Erfolge ausrechenbar machen würde. Das mag am steten Geschmackswandel liegen, denn sosehr der Mensch in ästhetischen Belangen ein Gewohnheitstier sein mag, wünscht er sich doch ebenso sehr überraschende Wendungen und geistreiche Abwandlungen des Vertrauten.

Vor allem aber bleibt auch bei wachsendem Datenbestand weitgehend unklar, wie sich der Mainstream, der im Fokus der Analysten steht, zu jener Off- und Subkultur verhält, die meistens nur von ausgewiesenen Kennern geschätzt wird. Sie begeistern sich für Künstler, gerade weil sie keinen besonderen Erfolg haben, sondern konsequent den eigenen Ideen treu bleiben, ganz gleich, wie unverständlich und unverträglich sie ausfallen. Nicht selten sind es ebendiese Eigenschaften, die wiederum inspirierend wirken auf die populäre Massenproduktion. Besonders deutlich ist diese Binnenspannung zwischen Peripherie und Zentrum in der Mode, aber auch in anderen Branchen sind die Exzentriker, die Verkannten und die Fehlgänger auf eine Weise einflussreich, die schwer durchschaubar ist und sich selbst für Insider nicht mit Bestimmtheit vorhersehen lässt. Auch ein semantisch aufgerüsteter Algorithmus wird dergleichen nicht leisten.

Der Markt für ästhetische Valeurs, ein Markt, der vor allem ein sozial-gesellschaftliches Netz darstellt, ist mit mathematischem Geschick kaum zu beherrschen. Es fehlt den Apparaten das Sensorium, mehr noch, es mangelt ihnen an Urteilskraft und Intuition. Wenn es zur Kunst dazugehört, sich über Kunst ein Bild machen zu können, dann ist künstliche Intelligenz mit Dummheit geschlagen. »Computer sind unnütz«, soll Pablo Picasso gesagt haben. »Sie können nur Antworten geben.«[21] Das Fragen hingegen bleibt menschlich, es gibt keine künstliche Neugier. Und so kommt es, »dass ein Computersystem selbst bei perfekter funktionaler Input-Output-Umwandlung *nicht das Geringste von dem versteht, was es tut*«.[22]

***

Die Forscher aber schreckt das nicht, im Gegenteil. Sie treten frohgemut eine überlange, wahrscheinlich nie endende Reise an, es zieht sie hinaus in die fernen Galaxien der Ästhetik, eben weil sie so fern liegen. Ein Biologe und Künstler wie Daniel Bisig weiß sehr wohl um die grundsätzlichen Defizite der künstlichen Intelligenz, die in ihrem Können meistens hochspezialisiert ist und die sich auf ungeplante Herausforderungen kaum einzustellen vermag. Das aber hält ihn nicht davon ab, in der Maschine den Künstler entdecken zu wollen. Unverdrossen und durchaus mit der Zuwendung eines Pygmalion will er »herausfinden, ob Maschinen jemals so etwas wie ein ästhetisches Empfinden entwickeln

---

21 Julian Brown, *Minds, Machines, and the Multiverse. The Quest for the Quantum Computer*, New York: Simon and Schuster 1999, S. 40.
22 Thomas Fuchs, *Verteidigung des Menschen, Grundfragen einer verkörperten Anthropologie*, Berlin: Suhrkamp 2020, S. 43.

können, und woher dieses kommt. Mich interessiert zum Beispiel, ob sich bei den verschiedenen Robotern Vorlieben herausbilden, was sie als schön empfinden.«[23]

Kein Forscher wird von einem Algorithmus ernsthaft erwarten, dass er das Unvorhergesehene entstehen lässt, sich seinem einprogrammierten Auftrag widersetzt oder andere Formen einer Negativität entwickelt, wie sie so typisch sind für das klassische Bild der Avantgarde, die meist als autonom, radikal und verstörend gedacht wurde. Allerdings stellt sich die Frage, ob es darauf eigentlich ankommt.

Erstens eröffnet bereits eine Maschine mit schwacher Kreativität eine Vielzahl von Möglichkeiten: Sie übernimmt bei Bedarf die Produktion von Hintergrundmusik bei Computerspielen, erstellt den Trailer für einen Spielfilm, entwickelt Ideen für eine Werbekampagne oder schreibt einen Songtext, sofern man sie mit den nötigen Basisinformationen füttert. Auch vermag der Computer jene Stockfotos zu generieren, die ohnehin auf Austauschbarkeit angelegt sind. Das Programm DALL-E (dessen Name auf Salvador Dalí und den Roboterzeichentrickfilm *WALL-E* zurückgeht) kann allein auf Grundlage von textlichen Anweisungen eigene Grafiken erzeugen und erfüllt selbst absurde Anliegen, wenn es etwa darum geht, das Bild eines Rettichs zu zeichnen,

---

23 Sarah Hadorn, »Kann KI Kunst?«, in: *Naratek* (4. Februar 2020); online verfügbar unter: {https://www.naratek.com/de/creative-perspective/2020/smarte-maschinen-machen-kunst.php}.

der einen Hund ausführt, oder sich einen Ohrensessel in der Form einer Avocado auszumalen. Zudem kann man die künstliche Intelligenz damit beauftragen, Gebrauchstexte wie Börsen- oder Sportnachrichten zu schreiben, tatsächlich wird sie für diese Zwecke längst eingesetzt. Auch in der Wissenschaftspublizistik findet sie Verwendung. So konnte 2019 im Verlag Springer Nature ein Band mit dem Titel *Lithium-Ion Batteries. A Machine-Generated Summary of Current Research* erscheinen.[24] Es handelt sich um eine Zusammenfassung des Forschungsstands, erstellt von einem Computer.

Allen Beispielen gemeinsam ist, dass hier das Programm die regelhaften Anteile eines kreativen Prozesses übernimmt. Zudem können Algorithmen »selbständig Gestaltungsregeln aus Datenschätzen abstrahieren«, schreibt der Journalist Mads Pankow, doch liegt hier die Kreativität eben »nicht in der Formalisierung oder Anwendung, sondern im Datenschatz. […] Was uns in der digitalen Technik häufig als Kreativität begegnet, sind menschliche Einfälle, die durch Maschinen abstrahiert und emuliert worden sind.«[25] Mit anderen Worten: Die dürftigen Leistungen des kreativen Computers fallen so lange nicht ins Gewicht, wie er sich auf reichhaltige Leistungen des Menschen stützen kann.

Zweitens hat eine schwache Kreativität auch ihre Stärken, und diese liegen paradoxerweise in der Schwäche

---

[24] Ein PDF des Buches ist online verfügbar unter: {https://link.springer.com/book/10.1007/978-3-030-16800-1}.
[25] Pankow, »Künstliche Kreativität«, S. 54.

begründet. »Funktionierende Technik suspendiert Konsensansprüche und absorbiert Dissensansprüche schlicht dadurch, dass sie funktioniert«, schreibt Armin Nassehi.[26] Doch lässt sich ebenso das Gegenteil formulieren: Solange Technik nicht funktioniert oder erst im Ansatz das zu erfüllen beginnt, was sie verspricht, ist ihre Verheißung und damit ihre Absorbtionskraft besonders ausgeprägt. Solange die Kreativität schwach ist, bleibt der Gewöhnungseffekt aus, der üblicherweise jede technische Erfindung, und sei sie noch so erstaunlich, binnen kurzer Frist in eine Selbstverständlichkeit verwandelt. Zudem lädt die Verheißung dazu ein, sich die Folgen der funktionierenden Technik, also die Funktion als solche, bildhaft auszumalen und sie mit eigenen Hoffnungen oder Sorgen zu unterfüttern. Es regieren Wunsch und Wille; jegliche Enttäuschung hingegen lässt sich ohne Mühe ausblenden.

Drittens lädt die schwache Kreativität dazu ein, sie als unvollkommen und damit als menschlich wahrzunehmen. Möglich wird dies insbesondere dank des eingangs geschilderten Charakters der digitalen Maschine: Sie braucht keine Zahnräder, Stößel, Ventile, Pleuel oder Kolben, sie ist vielmehr etwas »rein Geistiges« (Jens Jessen). Und dieses Geistige zeichnet sich dadurch aus, dass es verstanden werden will und zugleich auf eigenes Verstehen angelegt ist (während herkömmliche Mechanik nur funktionieren muss). Die digitale

---

26 Armin Nassehi, *Muster. Theorie der digitalen Gesellschaft*, München: C. H. Beck 2019, S. 228.

Maschine soll lernen, ein Katzen- von einem Hundebild zu unterscheiden, sie verfügt über stochastische Modelle, um Hypothesen zu bilden und zu überprüfen, und weil sie dabei nur Näherungswerte ermitteln und also fehlgehen kann, kommt es im Einzelfall zu Missverständnissen.[27] Ebendas erweckt den Eindruck, hier sei ein Mensch am Werk, denn wie dieser »tendieren auch neuronale Netze zu Vorurteilen, die nicht vom Entwickler einprogrammiert wurden, sondern sich implizit aus den Trainingsdaten ergeben können«.[28]

Das aber heißt: Weil die Maschine etwas missverstehen kann, kann sie auch umgekehrt einen zunächst unbestimmten Datensatz richtig deuten. Mit dieser Fähigkeit zu deuten ist »das Unberechenbare jetzt Kernbestandteil des Berechenbaren selbst«, wie die Kulturtheoretikerin Luciana Parisi schreibt. Und schon deshalb lädt die Maschine dazu ein, ihrerseits gedeutet zu werden. Überspitzt gesagt: Gerade die schwache Kreativität öffnet den Raum für Fantasien, sie weitet das Potenzial der Missverständnisse. Und entsprechend nimmt das Bedürfnis zu, sie just in ihrer Missverständlichkeit verstehen zu wollen.

Darin ähnelt sie der modernen Kunst, die im Über-

---

27 Luciana Parisi, »Das Lernen lernen oder die algorithmische Entdeckung von Informationen«, in: Christoph Engemann und Andreas Sudmann (Hg.), *Machine Learning. Medien, Infrastrukturen und Technologien der Künstlichen Intelligenz*, Bielefeld: Transcript 2018, S. 93-113, hier S. 109.

28 Ramge, *Mensch und Maschine*, S. 26.

gang zum 20. Jahrhundert von ihrem oft mimetischen (man könnte auch sagen: mechanischen) Verhältnis zur Wirklichkeit abrückt, das »Geistige in der Kunst« hervorhebt (wie Wassily Kandinsky) und die Abstraktion zum geeigneten Mittel erklärt, um eigene Deutungen der Welt zur Anschauung zu bringen. Diese Deutungen wiederum müssen zwingend gedeutet werden, gerade weil sie abstrakt sind. Erst aus dieser Deutung erwächst Bedeutung.

***

Mehr noch als für die heroische Moderne gilt dies für die Gegenwartskunst. Sie ist weniger fixiert auf das unbedingt Neue und Originelle, viel wichtiger werden Recycling und Reenactment, und so folgen, ähnlich wie die Computer, auch zahlreiche Künstler dem Prinzip der Reproduktion und Reprise, des Remix, Rippings und Remakes. Sie zielen nicht auf eine *creatio ex nihilo*, vielmehr wird der starke Begriff des Autors und damit die Idee einer starken Kreativität bewusst abgerüstet. In Erscheinung tritt eine unbestimmte, schwache Kreativität, beispielsweise bei Erwin Wurm, der das Publikum für seine One Minute Sculptures auffordert, mit Zitronen, Filzstiften oder Stühlen sich selbst in ein Kunstwerk auf Zeit zu verwandeln.

Werke wie diese, aber auch Gemälde oder Theaterstücke sollen nicht mit einem erkennbaren, eindeutigen Sinn aufwarten. Der eigentliche Bedeutungsüberschuss entsteht erst in den Mutmaßungen: darüber, welches Wollen und Können man den Künstlern wohl unterstellen darf und wie die prinzipielle Offenheit ihres Werks, des *Opera aperta* (Umberto Eco), sinnvoll zu füllen wäre. Wie bei den Algorithmen kommt es hier ebenfalls auf die Rezeption an. Unter dem Stichwort »Partizipation« wird das Publikum regelmäßig dazu aufgefordert, sich aktiv einzubringen und damit zum Mitschöpfer zu werden.

Allerdings ist diese Art der geteilten Macht und kreativen Selbsteinschränkung eine bewusste Entscheidung der Künstler; eine künstliche Intelligenz hingegen kann nicht anders, ihre Schöpfungshöhe (um einen Begriff des Urheberrechts zu verwenden) bleibt prinzipiell niedrig. Doch je mehr die Maschine als Mitkünstler verstanden wird, eingebunden in ein Team, in eine von vielen Beiträgern geprägte Inszenierung, desto weniger kommt es auf die Vorstellung einer starken, von Avantgarde-Ideen geprägten Kreativität noch an. Gerade in der Zusammenarbeit zwischen Mensch und Maschine wächst dem Algorithmus ein anthropomorpher Charakter zu, so dass etwa im Katalog einer Galerieausstellung ganz selbstverständlich davon die Rede sein kann, sie verdanke sich einer »Kollaboration zwischen einer künstlichen Intelligenz namens AICAN und ihrem Schöpfer, Dr. Ahmed Elgammal«.[29] Elgammal ist Professor für Informatik, er leitet ein Labor für Kunst und künstliche Intelligenz und legt Wert auf die Feststellung, dass

29 Ian Bogost, »The AI-Art Gold Rush Is Here«, in: *The Atlantic* (6. März 2019); online verfügbar unter: {https://www.theatlantic.com/technology/archive/2019/03/ai-created-art-invades-chelsea-gallery-scene/584134/}.

das von ihm entwickelte Programm nicht mit gewöhnlichen Künstlerwerkzeugen zu vergleichen sei. Denn bei dem Einsatz von AICAN handele es sich um »das erste Mal in der Geschichte, dass ein Werkzeug eine Art von Kreativität hat und dass es einen überraschen kann«. Zu diesen überraschenden Qualitäten seiner Kunst gehört indes auch, dass Elgammal die entstandenen Gemälde in traditionelle Goldrahmen fassen ließ – um so dieses »erste Mal in der Geschichte« kunstwürdig und meisterwerkhaft darbieten zu können.

***

Insbesondere die performativen Eigenschaften, die Auftrittsstärken eines Künstlers und seiner Werke, haben in der Gegenwartskunst immer weiter an Bedeutung gewonnen. Oft wird über das Ansehen eines Werks erst in der Postproduktion entschieden, also im Prozess der Vermarktung und durch die Rezeption der Sammler, Kuratoren oder Galeristen. Im Zweifel ist es nicht weiter von Belang, wie kreativ ein Kunstwerk ersonnen und geformt worden ist, solange sich die Einbettung als publikumswirksam erweist, als ihrerseits auf starke Weise originell und schöpferisch.

Insbesondere die Auktionshäuser sind im Laufe der Jahre zu Bühnen der Theatralisierung geworden. Erinnert sei an Damien Hirst, der 2008, am Vorabend der Lehman-Brother-Finanzkrise, eine Versteigerung bei Sotheby's in London abhielt, bei der 223 eigens für diesen Zweck produzierte Objekte veräußert wurden, darunter Diamanten aus Glas, deren Kunstwert sich allein an dem Preis bemessen sollte, den sie erzielen oder nicht erzielen würden. Das Ergebnis von 5 193 259 Pfund für die *Fragments of Paradise* übertraf den Schätzwert um mehr als das Dreifache. Wie der Hörsaal in New York, in dem das artifizielle Chopin-Stück als glaubhaft und damit kunstvoll dargeboten werden konnte, erwies sich auch das Auktionshaus als Bühne und die falschen Diamanten wurden teurer bezahlt als echte.

Am Beispiel Hirst zeigt sich zudem, dass der Glaube an das Unikat ebenso unterlaufen worden ist wie die Vorstellung, ein Künstler habe autonom zu sein, weil er nur so, ganz auf sich selbst gestellt und seiner eigenen, unverwechselbaren Idee verpflichtet, ein wahrhaftiges Kunstwerk gestalten könne. Zu Hirsts berühmtesten Bildserien gehören seine Spot Paintings, von denen seit 1986 weit über tausend entstanden sind, bunte Punkte auf weißem Grund, die in der Regel nicht vom Künstler selbst, sondern von seinen zahlreichen Assistenten aufgetragen wurden.

***

Man könnte also denken, dass es auf einem Feld wie diesem, geprägt von antioriginellen Impulsen, den Algorithmen besonders leichtfallen dürfte, als Künstler aufzutreten und ernst genommen zu werden. Doch stimmt das nur bedingt. Wo immer der Kunstbetrieb selbst mechanisch wird, wo er das Uneigentliche feiert und ein Künstler für seine Werke auf industriell verfertigte Waren zurückgreift, ist es für die Programmierer sogar besonders schwer, die Kreativität ihrer Maschinen unter Beweis zu stellen. Verfielen sie auf die Idee, einen auf Ready-mades spezialisierten Algorithmus zu entwickeln, der im Sinne Marcel Duchamps einen beliebigen Alltagsgegenstand zum Kunstwerk erhebt, beispielsweise eine Steckdose, die Reaktionen wären vorhersehbar ablehnend. Gerade weil seine Heimat die Abstraktion ist, kommt der Computer nicht umhin, dieser Heimat untreu zu werden, ansonsten trifft ihn umso härter der klassische Vorwurf, so etwas Einfallsloses und handwerklich Unbedarftes könne doch jedes Kind hervorbringen und offenbar sei auch der Algorithmus nicht über das Niveau eines Dreijährigen hinausgekommen.

Der Kunstcode der Computer muss geradezu zwingend eine Form von Virtuosität aufweisen, die bei Künstlern ansonsten oft als gestrig und überwunden gilt. So greifen die Programmierer häufig nach altmeisterlichen Traditionen: Sie lassen mit dem denkbar größten Aufwand ein Gemälde mit dem Titel *The Next Rembrandt* errechnen und von einem 3-D-Drucker ausführen, so als gebe es von diesem Maler nicht längst genug Werke, die er nicht selbst gemalt hat (kaum ein Künstler ist so oft kopiert und gefälscht worden wie Rembrandt). Oder sie instruieren den Computer, die nie vollendete 10. Symphonie von Ludwig van Beethoven oder Franz Schuberts 8. Sinfonie in h-Moll nun endlich zu komplettieren. Hier, im Reich der unumstrittenen, der klassischen Hochkultur, erscheint der Kontrast besonders schillernd, hier misst sich allerjüngste Technik mit den ewigen Genies und scheint damit selbst eines zu werden. Einer verwandten Strategie folgten übrigens die ersten Fotografen im 19. Jahrhundert, die ihre neue Technik dadurch adeln wollten, dass sie auf bewährte Motive der Landschaftsmalerei zurückgriffen.

***

Auch das französische Künstlerkollektiv Obvious folgt einem solchen Traditionalismus, sollte man meinen. Allerdings zeigt sich an ihrem Beispiel, dass der Traum von der kreativen Maschine gelegentlich den engen Zirkeln des Bewährten entkommen kann. Auch wo sie dem Anschein nach das klassische Bild der Kunst bewahrt, vermag die kreative Maschine dieses Bild zugleich zu verändern, unterschwellig und auf eine Weise, die bezeichnend ist für die Dialektik des Digitalen. Die Idee des Gegensatzes – hier die menschliche, dort eine maschinelle Form der Kreativität – beginnt sich aufzulösen.

Zunächst allerdings profitierten die drei Mitglieder von Obvious davon, dass dieser Gegensatz deutlich herausgestrichen und als spannungsvoll begriffen wurde. Nie hätte das Auktionshaus Christie's in New York das Gemälde der Studenten aus Paris zur Auktion angenommen, wäre es nicht an das Versprechen geknüpft gewesen, hier sei ein Algorithmus am Werk gewesen, habe das Bildnis errechnet und per Drucker auf die Leinwand gebracht. Christie's wollte sich 2018 als Pionier in Szene setzen, es galt, die Kunst der künstlichen

Intelligenz zur Versteigerung zu bringen, erstmals überhaupt.

Von einem fein ornamentierten Goldrahmen gefasst, zeigt das Gemälde das Porträt eines Mannes, dessen Kopf am oberen Bildrand leicht angeschnitten ist. Er trägt eine schwarze Robe, ein weißes Hemd mit breitem Kragen, ist aber ansonsten von großer Unbestimmtheit. Für ein Gemälde, das einen konkreten Menschen zeigen soll, laut Bildtitel das *Portrait of Edmond de Belamy*, bleibt es im Ausdruck verwaschen, die Gesichtszüge sind kaum zu erkennen, es gibt auch keinen Hintergrund, keine Attribute, die auf die Herkunft oder den Charakter des Mannes schließen lassen. Das Werk soll offenbar unfertig wirken: Als handele es sich um eine Skizze, ist die Leinwand an drei Seiten weitgehend unbemalt. Suggeriert wird, hier sei ein Künstler gerade bei der Arbeit unterbrochen worden, der Betrachter bekomme also einen Einblick in den Schaffensprozess und sehe gewissermaßen der Kunst bei ihrer Kunstwerdung zu.

Das Imperfekte des Gemäldes steht jedoch in auffälligem Widerspruch zu der Signatur am rechten unteren Bildrand. Denn signiert wird ja ein Werk erst, sobald es als abgeschlossen gilt. Zudem beglaubigt nicht ein menschlicher Name die Eigenhändigkeit des Werks, vielmehr steht dort eine komplizierte mathematische Gleichung, für Laien nicht zu entschlüsseln. Es ist ein Ausschnitt des Codes, der das Bild errechnet hat, und er dient als doppelte Authentifizierung: zum einen, wie üblich, des Gemäldes, das der Künstler durch den Akt des Unterschreibens als sein Werk anerkennt. Zum anderen, auf einer abstrakteren Ebene, bescheinigt die Signatur auch der Maschine die Fähigkeit, als Autor auftreten zu können.

Ansonsten würde man ihr nicht unbedingt zutrauen, ein Porträt zu malen, erst recht nicht eines wie dieses, das in seiner Anmutung so fahrig wirkt. Der Computer steht gewöhnlich ein für das Gegenteil: für Perfektion und fürs Exakte; dass er nun auch etwas Halbfertiges und Diffuses hervorbringt, wirkt umso bemerkenswerter. Es verstärkt noch einmal den Eindruck, es handele sich tatsächlich um Kunst und nicht bloß um technisch geschickte Abmalerei.

Doch obwohl das Bildnis die Autorschaft der Maschine zu bestätigen scheint, ist es gerade die Formel, die diese Bestätigung wiederum relativiert. Es steht dort eben kein Name, es ist keine Person, die hier unterschrieben hat; es ist ein mathematisches Konstrukt. Und fast zwangsläufig stellt sich die Frage, wer wiederum dieses Konstrukt konstruiert haben könnte. Auf der Suche nach einer Antwort zeigt sich rasch, dass es sich einer speziellen Form von Programmierung verdankt, die sich das Prinzip des Widerstreits gegenläufiger Impulse auf ähnliche Weise zu Nutze macht wie das Gemälde selbst. Fast könnte man meinen, dass es dieses Prinzip kenntlich machen soll.

Die drei Mitglieder der Gruppe Obvious, Hugo Caselles-Dupré, Pierre Fautrel und Gauthier Vernier, verwendeten ein sogenanntes GAN, ein *generative adversarial network*. Es besteht aus einem Algorithmus mit zwei Komponenten, dem Generator und dem Diskriminator. So wird es dem Computer möglich, sich selbst zu korrigieren: Es sucht in einem Datensatz, in diesem Fall waren es 15 000 Porträts aus den Sammlungen westlicher Museen, nach besonders markanten Mustern. Es macht sich sozusagen ein Bild von den Bildern und entwickelt – auf dieser Grundlage und ohne auf menschliche Vorgaben angewiesen zu sein – jene Gemälde, die anschließend vom zweiten Netzwerk dahingehend geprüft werden, ob sie dem ursprünglichen Datenmaterial in ausreichendem Maße ähneln. Tun sie dies nicht, werden sie an den Generator zurückgespielt, der sein Vorgehen justiert und es mit einer neuen Variante seiner Bildvorstellungen abermals versucht. Manche Beobachter gehen so weit, in dieser Art von Autokorrektur eine Form von »Selbstreflexion« (Marcus du Sautoy) erblicken zu wollen.

Ersonnen wurden GANs 2014 von Ian Goodfellow, dem Direktor der Abteilung Maschinenlernen bei Apple, und der Titel des versteigerten Gemäldes von Obvious ist ihm mit einem Wortspiel gewidmet: Der »good fellow«, der gute Kerl, ist der namensgebende Belamy, der hier porträtiert wird. Man habe dessen Leitungen und damit die künstliche Intelligenz als solche durch Kunst »erklären und demokratisieren wollen«, teilten die drei Obvious-Mitglieder in einer Presseerklärung mit.[30] Allerdings verschweigen sie zunächst, dass sie

---

30 James Vincent, »How three French Students Used Borrowed Code to Put the first AI Portrait in Christie's«, in: *The Verge* (23. Oktober

den auf Goodfellows Prinzip basierenden Code für ihr Gemälde nicht oder nur zu einem geringen Teil selbst geschrieben hatten. Er stammt seinerseits von einem Künstler, von Robbie Barrat, der den Algorithmus für eine frei zugängliche Nutzung veröffentlicht hatte. Das ambivalente Spiel mit der Frage, wer oder was als Autor des Porträts zu bezeichnen ist, wird damit auf die Spitze getrieben: Nicht nur der große Bilderschatz der Kunstgeschichte wurde vom Obvious-Kollektiv als Rohmaterial benutzt, auch die kreativ-künstlerische Auswertung dieses Materials beruht darauf, sich die Leistung eines anderen, in diesem Fall Barrats, anzueignen. Wenn also die Signatur des Gemäldes überhaupt etwas beglaubigt, dann ist es ein Vorgang, in dem sich die Idee einer eindeutigen Autorschaft, sei sie menschlich oder maschinell, ad absurdum führt. Dieser Vorgang erzielte bei Christie's am Ende 432 500 Dollar, das 45-Fache des Schätzwerts.

***

Gelungen war Obvious ein doppeltes Kunststück: Sie hatten mit ihrem Gemälde den berühmten Turing-Test bestanden und ihn zugleich unterlaufen. Entwickelt worden war der Test in den fünfziger Jahren auf Anregung des Informatikers Alan Turing, um die Intelligenz

---

2018); online verfügbar unter: {https://www.theverge.com/2018/10/23/18013190/ai-art-portrait-auction-christies-belamy-obvious-robbie-barrat-gans}.

von Computern nachzuweisen. Dabei führen die Probanden per Tastatur ein schriftliches Gespräch mit einem Gegenüber, von dem sie nicht wissen, um wen es sich handelt, Mensch oder Maschine. Geben sie nach gründlicher Befragung an, sie hätten mit einem Menschen gesprochen, obwohl es sich in Wahrheit um einen Algorithmus handelt, dann hat der Computer den Test bestanden und der Beleg scheint erbracht, dass künstliche Intelligenz existiert und eigenständig zu denken vermag. Die Frage nach der Intention des Computers, nach Bewusstsein und freiem Willen galt Turing als unerheblich, für ihn zählte allein die Evidenz.

In diesem Sinne hat sich auf der Versteigerung bei Christie's bewahrheitet, dass Maschinen als Künstler agieren können und als solche ernst genommen werden, hatte das Auktionshaus doch behauptet, das Porträt sei »nicht das Produkt eines menschlichen Geistes. Es wurde von einer künstlichen Intelligenz geschaffen.«[31] Hätte sich kein Käufer dafür gefunden, wäre der Computer im Sinne Turings durchgefallen. Dass am Ende sogar eine Rekordsumme erzielt werden konnte, lässt sich hingegen als besonders starker Beweis dafür verstehen, dass der Test mit Bravour bestanden wurde.

Zugleich schien Obvious die reduktionistischen Vorstellungen, die dem Test zugrunde liegen, zu karikieren – und befreite damit die Maschine von der Er-

---

31 »Is Artificial Intelligence Set to Become Art's Next Medium?« (12. Dezember 2018); online verfügbar unter: {https://www.christies.com/features/A-collaboration-between-two-artists-one-human-one-a-machine-9332-1.aspx}.

wartung, unbedingt kreativ sein zu müssen, indem sich diese Erwartung auf höchst unkonventionelle Weise erfüllte. Damit gab die Künstlergruppe implizit dem Philosophen John Searle recht, der bereits 1980 deutliche Zweifel an Turings Theorie geäußert hatte. Sein »Gedankenexperiment des chinesischen Zimmers«, mit dem er die Sinnhaftigkeit des Tests hinterfragte, wurde ebenso bekannt wie der Test selbst. Das Experiment: In einem Zimmer, abgeschirmt von der Außenwelt, befindet sich ein Mensch, der kein Chinesisch spricht und dennoch auf Chinesisch gestellte Fragen beantworten soll. Er besitzt hierfür ein Handbuch, das es ihm erlaubt, einzelne Symbole zu identifizieren, ohne jedoch – und das ist wichtig – deren Bedeutung erschließen zu können. Außerhalb des Raums meint man trotzdem, der Mensch im Inneren beherrsche die chinesische Sprache, schließlich konnte er sie regelgerecht anwenden. Dieser Hinweis Searles, dass sich aus korrekter Syntax nicht ableiten lasse, dass auch die Semantik eines Wortes oder Satzes verstanden worden sei, war für die Diskussion über die Grenzen der künstlichen Intelligenz wichtig. Allerdings ist damit über die potenziellen Möglichkeiten einer maschinellen Kreativität, die auf Begriffe kaum angewiesen ist, weil sie sich auf einem vorbegrifflichen Terrain bewegt, nur wenig gesagt.

***

Anders als im Fall einer künstlichen Intelligenz, der man unterstellt, sie beherrsche das Denken in einem menschlichen Sinne, gelten in der Kunst weniger eindeutige Grenzen und gerade das Unbeherrschte, der Mangel an Kreativität, kann die Rezeption günstig beeinflussen. Die Künste markieren ein Zwischenreich, in dem die Bedeutung der Symbole und Zeichen allgemein unschärfer ist und auf diese Weise größere Spielräume eröffnet. Vielen Malern, Komponisten oder Fotografen ergeht es ähnlich wie im Experiment des chinesischen Zimmers, nur dass sie sich sowohl innen als auch außen befinden, sie also ihrer Sprache mächtig sind, diese Sprache der Kunst aber schwerlich nur zu übersetzen ist. Denn es gibt kein Handbuch, und entsprechend schwer fällt es vielen Künstlern, die Gründe für ein bestimmtes Motiv, den Sinn einer besonderen Faktur des Pinsels oder die Bedeutung einer Klangfolge zu benennen.

Manche lehnen es auch rundheraus ab, ihre Kunst auf den Begriff zu bringen und damit einem alltäglichen Muster aus Vernunft und Einsicht zu unterwerfen. So versuchten sich die Surrealisten mit ihrer Écriture automatique dem Unbewussten zu öffnen, sie wollten die Kontrolle verlieren, denn nichts erschien ihnen kunstfeindlicher als Sinn und Verstand. Für alle Programmierer, deren Algorithmen ebendas entbehren, ein Bewusstsein und also ein definierbares Ich, muss es wie eine Einladung wirken: Mag die künstliche Intelligenz in einer starken, weltdurchdringenden, das soziale Wissen einschließenden Version noch auf sich warten lassen – hier, auf dem weithin unbestimmten Feld der Ästhetik, vermögen sie bereits zu reüssieren. Hier zählt der Schein weit mehr als das Sein, und zumindest für eine scheinhafte Scheinhaftigkeit, eine Kunst des Simulakrums zweiter Ordnung, vermögen die Apparate mühelos einzustehen.

Es gibt also gute Gründe, warum sich Hightech-Unternehmen des Silicon Valley auf so etwas verschroben Antiquiertes wie Kultur eingelassen haben. Hier locken keine großen Gewinne, hier geht es auch nicht um Innovation im herkömmlichen Sinne und auch die Marketingeffekte fallen vergleichsweise gering aus. Denn wäre es anders, zielten die Entwickler tatsächlich und primär auf Rendite und die Vorteile eines verkaufsfördernden Imagetransfers, hätten die Konzerne gewiss andere, weit lukrativere Projekte favorisiert. Nicht der künstliche Maler, sondern der künstliche Basketballspieler oder das künstliche Supermodel wären dann die wichtigste Sehnsuchtsfigur der Programmierer. Dass es sie trotzdem aufs unebene Feld des Geistes und der Geschichte drängt, dann deshalb, so lässt sich vermuten, weil sie just hier etwas zu finden hoffen, das ihnen ansonsten verschlossen bleibt: eine Erzählung, die über den Tag hinausweist und den Fortschritt mit Bedeutung und Perspektive versorgt.

Zwar gibt es zahllose Geschichten, die in die Zukunft weisen und sich ausmalen, wie die digitale Technik die Wirklichkeit verändern wird. In der Literatur, etwa in den Erzählungen von Isaac Asimov, und mehr noch im Kino, in Filmen wie *2001* oder *Terminator* ist der Computer längst zur Weltmacht aufgestiegen. Oft wird die Maschine als herrschsüchtig beschrieben, fast immer als zerstörerisch – die Maschine als unmenschlicher Mensch. Diesen Dystopien begegnet das Projekt einer künstlichen Kreativität mit einem entschiedenen Gegenprogramm: Es beruft sich aufs humanistische Erbe, auf die Geschichte der Kunst, und will diese fortschreiben. Es sucht das Neue im Alten, in den guten, weltweit bekannten, von einem gebildeten Publikum geschätzten Traditionen, die man weiterentwickeln und zugleich überwinden will. Waren die Maschinen bislang immer das Objekt der Narrationen, verheißt der Kunstcode, dass sie zu Subjekten ihrer eigenen Geschichten werden, die zugleich die Geschichten des Menschen für sich produktiv machen. Sie sollen wie die Künstler sein: Sie verbleiben im Hallraum der Kultur, im Reich des freien Spiels und der folgenlosen Imagination, und vermögen es dennoch oder gerade deshalb, sich das Ungedachte auszudenken und das Unplanbare auszumalen. Sie verkörpern beides: den schönen, harmlosen Aberwitz und die strahlende Kraft der Utopie.

Dieses Bild des Künstlers mag man albern oder überzogen finden, doch entwickelt es einen erheblichen Sog. Es ist ein Bild, das seinerseits eine lange Geschichte hat, aufgeladen mit Hoffnungen jeglicher Art. Spätestens mit dem Beginn der Moderne im 18. Jahrhundert durften Künstler als besonders freisinnig und unberechenbar gelten, als außergesellschaftliche Kraft, die einerseits belächelt und verlacht wurde, die man andererseits einband und oft als unnachahmlich verehrte. Vor allem der Bruch mit den Erwartungen wurde zum leitenden Handlungsmuster und sorgte dafür, dass bis heute im Reich der Kunst nichts gewiss ist, aber alles für möglich gehalten werden darf.

Eine Maschine, die sich dieses Musters bedient, kann damit auf gleich doppelte Weise als frei gelten: Sie erscheint erstens als der unerwartete Künstler und stellt damit zweitens das Unerwartete der Kunst in Aussicht. In dem Gegenbild, das so entworfen wird, mag die Düsternis der bislang verbreiteten Dystopien noch mitschwingen, denn es geht ja auch für die Künstler stets darum, den Status quo zu überwinden und also dem Vertrauten den Rücken zuzukehren. Doch wird ihnen eine produktive Zerstörungslust im Schumpeter'schen Sinne nachgesagt, gesellschaftlich sinnvoll, weil der Selbstreflexion verpflichtet und deshalb von staatlicher Seite stets eingehegt und in Institutionen wie dem Museum oder dem Theater gesichert. Somit ist es das Gegenbild einer zumutbaren, ja wünschenswerten Freiheit, das die Enge der Digitalmoderne, der fortschreitenden Kontrollgesellschaft, zu weiten scheint.

Es kann zudem – und gerade weil die Kunst der Moderne als genuin westliches Konzept begriffen wird – als ein Gegenbild zur digitalen Überwachungsstrategie chinesischen Zuschnitts gelten. Dort verheißt das Regime materiellen Reichtum und soziale Sicherheit, erkauft um den Preis einer engmaschigen Verhaltenskontrolle. Zu diesem System gehört es, dass es mit drakonischen Strafen operiert, nicht zuletzt mit dem Entzug jener Freiheit, die vom Silicon Valley und seinen kreativen Maschinen als etwas besonders Wertvolles, weil inspirierendes Kulturgut ausgewiesen wird. Steht China in dieser Lesart für Beschränkung, erweist sich der Westen als Hort des Liberalismus, dessen Ungewissheiten und Selbstwidersprüche schon deshalb als hinnehmbar, ja sogar erstrebenswert gelten, weil ohne sie die Wundermacht namens Kunst nicht zu haben wäre.

***

Auch das, eine solche weltpolitische Deutung, kann man abwegig finden. Allerdings zeigt sich just in der Abwegigkeit der tiefere Sinn des Unterfangens: Das Projekt der kreativen Maschine, so begrenzt konkrete Werke in ihrer Bedeutung auch sein mögen, öffnet einen weiten Raum der Imagination. Hier kann die Gegenwart von sich ab- und über sich hinaussehen und im besten Fall scheint es möglich, dass sich eine andere, neue Selbstbestimmung auftut, für den Einzelnen, die Gesellschaft und sogar in kosmischer Hinsicht. Solche Vorstellungen kursieren bereits in vielfältiger Form, sie werden von der Idee einer schöpferischen Computerkunst getragen und befeuern diese zugleich.

Für die Programmierer ist diese Kunst die Kunst der Zukunft und das im doppelten Sinne: Sie hoffen, die Kontrollzwänge des Apparatedenkens zu überwinden, um eine neue Offenheit für das Kommende zu gewinnen, antizipiert vom menschlichen Geist, seiner Neugier und Fantasie. Und sie bauen darauf, dass die Kunst selbst in dieser Zukunft neuen Leitbildern folgen und andere Formwelten für sich einnehmen wird. Es ist die Arbeit am Mythos, an der verwandelnden Kraft der Projektion, die Pygmalion einst so glücklich überraschte, weil sie tote Materie, das Elfenbein, lebendig und human werden ließ. Nur geht die Gegenwart noch über Pygmalion hinaus, weil der Traum von der kreativen Maschine ja auch einen anderen Menschen erträumt, der seine Rolle als schöpfergleicher Künstler übersteigt und zum Schöpfer des Schöpferischen wird.

Schon deshalb mutet dieses Programm, der geheime Code des großen Kunstprojekts, vermessen und hochmütig an. Nicht zufällig erinnert er an die Pläne der Trans- und Posthumanisten, die den Menschen umbauen und ihn zur Unsterblichkeit befähigen wollen, etwa indem der menschliche Geist per Mind Uploading auf einen Computer übertragen wird. Doch soll bei ihnen das Humane maschinisiert, aufgerüstet und per Superalgorithmus ausrechenbar und künstlich herstellbar werden; hingegen will der Kunstcode umgekehrt die Maschine humanisieren, also das Fehlbare und das Erwartungsfrohe, Angst und Lust, Begierde und einen Sinn für das Endliche ins Spiel bringen.

Täte er das nicht, verpanzerte er die Kunst gegen das Unfassliche des Todes und der Geburt, wäre das Ergebnis vorhersehbar steril und bestenfalls Design. Ein Schöpfer des Schöpferischen kann am Grundprinzip allen Lebens, der Fortpflanzung und Sterblichkeit, nicht vorbeischauen. Und also muss man die Idee eines Kunstcodes nicht zwingend als Hybris bewerten; es lässt sich darin auch Demut erkennen. Wie Gott dem

Menschen die Sorge um die Welt übertrug, so überträgt nun der Mensch diese Sorge auf seine Schöpfungen, die aus sich heraus neues, wahres Leben hervorbringen.

»Die Selbstentmachtung des Menschen durch sein eigenes Geschöpf wäre die Vollendung eines Aufbruchs, der mit dem Griff nach der Erkenntnis begann«, schreibt der Literatur- und Medienwissenschaftler Roberto Simanowski. Der Mensch kehre »an den Anfang zurück: als er noch unfähig war, Gut und Böse zu unterscheiden«.[32] Es wäre ein Rückzug aus der Verantwortung, geboren aus der Einsicht, dass der Glaube an die technische Mach- und Berechenbarkeit nicht länger ausreicht und es mehr braucht, nämlich Kunst, um die Zukunft von den Zwängen der Gegenwart zu lösen.

---

32 Roberto Simanowski, *Todesalgorithmus: Das Dilemma der künstlichen Intelligenz*, Wien: Passagen 2020. S. 12.

GEIST
der Selbstbestimmung
Wie die kreative Gegenwart die Ideen der Autonomie und Authentizität aussortiert

Im Grunde wird die kreative Maschine, von der so viele träumen, nicht gebraucht. Es herrscht ja kein Mangel an Malern, Musikern oder Autoren, im Gegenteil, die Konkurrenz ist riesig und nur wenige können von ihrer Arbeit leben. Es herrscht auch kein Mangel an Kunstwerken, die Depots der Museen laufen über, der Büchermarkt ist kaum zu überblicken und schon jetzt kann niemand all die Musiktitel hören, die Tag für Tag neu produziert und von Streamingdiensten verbreitet werden.

Zudem entfällt das klassische Motiv der Automatisierung, die Kosteneinsparung. In der klassischen Industrie, die hohe Facharbeiterlöhne zahlt, mögen sich Roboter rentieren; im Vergleich dazu werden fast alle, die in der sogenannten Kreativwirtschaft tätig sind, deutlich schlechter vergütet, entsprechend dürften hier die ökonomischen Vorteile der Rationalisierung bescheiden ausfallen. Jedenfalls stehen sie in keinem sinnvollen Verhältnis zu dem Aufwand, den es bedeutet, eine kreative Maschine zu entwickeln.

So folgt diese Entwicklung nicht dem üblichen Kalkül einer automatisierten Warenproduktion. Die kreative Maschine stellt etwas *her*, viel wichtiger jedoch: Sie stellt etwas *vor*. Indem sie bestehende Ideen verarbeitet und vorantreibt, bringt sie zur Darstellung, was die Gegenwart begehrt und begehrenswert finden soll. Im Traum von der kreativen Maschine wird sichtbar, was sich die Digitalmoderne erträumt: welches Idealbild des Künstlers sie entwirft und welche Rolle nun der Kunst und der Kreativität zukommen soll. Es zeigt sich, dass die alten Ideen des befreiten Subjekts, der Authentizität und der Autonomie an Bedeutung verlieren. Viel wichtiger wird die Sehnsucht nach Ausgleich, vor allem ihr ist die kreative Maschine zu Diensten.

***

Mit billiger Harmonie hat das wenig zu tun. Eher geht es um das Spiel mit der Unvereinbarkeit, das niemand besser beherrscht als der moderne Künstler. Einzig weil man ihm diese Fähigkeit zuschrieb, konnte er zur Leitfigur des kognitiven Kapitalismus aufsteigen. Und erst seine Souveränität im Umgang mit Gegensätzen ist es, die den Traum von der kreativen Maschine erstrebenswert macht.

In der Moderne werden die Künstler oft für ihren Freisinn gepriesen, man rühmt sie für ihre Unbedingtheit und die Experimentierfreude, mit der sie Neues und Andersartiges in die Welt bringen. Doch auch das Gegenteil ist wahr, was oft übersehen wird: Viele Künstler entziehen sich den Erwartungen, sie wollen eben nicht schöpferisch, nicht kreativ sein und sprengen just damit »die Grenzen des Verstehbaren«, wie es Andreas Reckwitz formuliert.[1] Kreativität sei in der Gegenwartskultur zu einem normativen Modell geworden, schreibt Reckwitz, und die Künstler gehörten zu den wichtigsten Vorbildern. Die Künstler jedoch nehmen sich die Freiheit heraus, die Norm sowohl zu bejahen als auch zu negieren. Sie sind beides zugleich: Vor- und Gegenbild, verständlich und nicht zu verstehen.

Dieser Ambivalenz verdankt die Entwicklung der Kunst entscheidende Impulse: Manche Künstler genossen ihre Rolle als Protagonisten der Selbstbestimmtheit. Andere fühlten sich von dieser Zuschreibung bedrängt und belastet, ja eingesperrt. Sie wehrten sich gegen den Kult, der mit der Genie-Ästhetik des 18. Jahrhunderts aufgekommen war: Sie wollten keine Ausnahmegestalten sein, keine gottgleichen Schöpfer, gelöst von allen irdischen Zwängen. Die Freiheit, die man ihnen zugestand, eine Freiheit des autonomen, von allen Zweckansprüchen der modernen Gesellschaft abgelösten Gestaltens, kam ihnen vor wie ein Fluch und also gingen sie auf Entzug. »Das eine, was über die beste Kunst zu sagen ist, ist ihre Atemlosigkeit, Leblosigkeit, Todlosigkeit, Inhaltslosigkeit, Formlosigkeit,

---

[1] Andreas Reckwitz, *Die Erfindung der Kreativität. Zum Prozess gesellschaftlicher Ästhetisierung*, Berlin: Suhrkamp 2012, S. 9.

Raumlosigkeit und Zeitlosigkeit. Dies ist immer das Ziel der Kunst«, befand der Künstler Ad Reinhardt.[2] Das Nichts sollte zum Alles werden.

Als bekannteste Form der kreativen Anti-Kreativität gilt bis heute das Ready-made. Von vielen Künstlergenerationen ist sie aufgegriffen worden, um jegliche Erwartung auf Läuterung oder Erlösung zu unterlaufen. Immer wieder werfen sie die Frage auf, was denn eigentlich ein Kunstwerk ausmache und ob ihre Werke als solche zu klassifizieren seien; und zuverlässig verstehen sie sich darauf, diese Frage offenzulassen. Ihre Kunst nimmt »Zuflucht bei ihrer eigenen Negation« (Theodor W. Adorno). Fest steht nur, dass es im Fall des Ready-mades nicht darauf ankommt, dass etwas Neues entsteht. Auch muss diese Kunst nicht von einer höheren Macht geprägt und gestaltet werden, sondern verbleibt ihrer Form nach in der Alltagswelt, die wie ein Warenlager benutzt wird, aus der einzelne Stücke nach Belieben herausgenommen und oft unverfremdet ins Reich der Kunst überführt werden können. Die Kreativität reduziert sich also auf einen Vorgang: auf den Akt der Auswahl. Kreativität ist nicht länger auf ein Objekt bezogen, vielmehr ist dieses Objekt nur ein Belegstück des Vorgangs und verrät in der Regel wenig über mögliche inhaltliche oder formale Motive. Man könnte sagen, die Kreativität wird immateriell und sinnfrei und damit rätselhaft. Diese Rätselhaftigkeit aber

---

2 Ad Reinhardt, *Schriften und Gespräche*, herausgegeben von Thomas Kellein, München: Verlag Silke Schreiber 1984. S. 137.

wird als Indiz dafür gewertet, dass es sich um Kunst handeln müsse. Erst das Genie, das der eigenen Geniehaftigkeit ausweicht, gilt somit als wahrhaft genial.

Vergleichbaren Deutungsmustern folgen jene Künstler, die das Naive und Unverbildete für sich nutzen wollen, um zu einer anderen, entsubjektivierten Ästhetik zu gelangen, einer Ästhetik, die nicht von kreativen – und damit in ihren Augen: artifiziellen – Eingebungen getragen wird. Sie greifen zurück auf die Formensprache außereuropäischer Kulturen, auf afrikanische Kultobjekte wie Masken beispielsweise; sie bewundern die Kunst der Kinder, arglos und unverbildet; sie lassen sich von der sogenannten Volkskunst inspirieren, von der sie meinen, sie sei über die Jahrhunderte unverändert tradiert worden; sie geben viel auf die Werke von psychisch kranken Menschen, weil auch sie als nicht autonom gelten, getrieben von unkontrollierbaren Mächten. Auch gab und gibt es zahlreiche Bestrebungen, die Natur – gedacht als Widerpart der Kultur – für die Kunstproduktion einzusetzen, so dass es beispielsweise in der Land Art so wirken konnte, als sei die Schöpfung selbst der Schöpfer, ungekünstelt und naturwüchsig. Allerdings werden auch solche Versuche, ein nichtorigineller, nichteinfallsreicher, nichtindividueller und also nichtkreativer Künstler zu sein, in schöner Regelmäßigkeit unterlaufen, weil die Kunstwelt so ziemlich jede Anstrengung, ihr zu entkommen, als besonderen Akt der Kreativität zu würdigen weiß.

***

In der seltsamen Gegenläufigkeit mag einer der wichtigsten Gründe dafür liegen, warum die Idee einer künstlerischen Kreativität so ungemein populär, ja zu einem integrierenden Leitwert der Digitalmoderne werden konnte. Lange war es in der industriell geprägten Arbeitswelt entscheidend, dass jemand als fleißig und rechtschaffen, als diszipliniert und verlässlich galt. Spätestens aber mit dem Ende dieses Maschinenzeitalters verbreitete sich die Vorstellung, dass es sinnvoll und vor allem befreiend sein könnte, wenn der Mensch kreativ sei. In der Kreativität entdecke er sich selbst, lautet die verbreitete Annahme, und dürfe sich neu erfinden, sei also selbstbestimmt und könne damit sein Fließbandleben, in dem alle denselben gestanzten Mustern gehorchen, hinter sich lassen. Diese Verheißung verlor auch dann nicht ihre Attraktivität, als der Nonkonformismus seinerseits zu einer Art undeklarierter Norm wurde und sich die kreative Freiheit nachgerade in einen Zwang zu verwandeln begann, weil sie nun als unverzichtbare Befähigung betrachtet wurde, um in der postindustriellen Gesellschaft zurechtzukommen und den veränderten Anforderungen zu genügen.

Die Kreativität des Künstlers – und das hat sie so vorbildhaft und begehrenswert werden lassen – kann mit solchen Widersprüchen nicht nur entspannt umgehen, sie macht diese konstitutiv und prestigeträchtig. Denn in seiner Kunst lässt sich stets beides unterbringen: die Erwartung des Außergewöhnlichen und ebenso die Enttäuschung dieser Erwartung. Immer wieder haben die Künstler der Moderne die Kriterien ihres

Schaffens über den Haufen geworfen, immer wieder haben sie die Grenzen erweitert, so dass sich dem Prinzip nach alles als Kunst bezeichnen lässt, ohne dass mit dieser Bezeichnung noch etwas Spezifisches gemeint wäre. Sie verkörpert damit das Ideal des Unbestimmten, ohne als beliebig zu gelten; vielmehr verspricht das Unbestimmte, dass die Kunst ihren Charakter stets wandeln und erweitern kann und neue Bindungen einzugehen vermag, Bindungen zur Mode oder zur Autoindustrie, um auf diese Weise sogar mehr zu sein als die Kunst, die man bislang kannte und schätzte.

Das expansive, vereinnahmende Wesen dieses Begriffs erlaubt es daher, auch eigentlich Unvereinbares zu verkuppeln und diese Verkupplung als besonders reizvoll zu erfahren. So lässt sich von den Künstlern lernen, auf welchem Wege sich die Paradoxien des 21. Jahrhunderts meistern und produktiv machen lassen: Wie man auf konforme Weise nonkonform ist, widerständig und zugleich dazugehörig, selbst- und fremdbestimmt in einem, freigeistig und auf Effizienz gepolt, ein Bohemien, der die Rendite im Auge behält und schon deshalb nach Inspiration sucht, um neue Produkt- oder Vermarktungsideen zu generieren. Nun gilt es als selbstbestimmt, sich den Bestimmungen des Systems zu fügen – spiegelbildlich zum Künstler, der seine Autonomie unter Beweis stellt, indem er sie dementiert.

Manche Beobachter, etwa Fred Turner, Professor für Kommunikationswissenschaft an der Stanford University, ziehen nicht ohne Grund geistesgeschichtliche Parallelen zur Ethik des Protestantismus, die für die

Ausprägung einer kapitalistischen Arbeitsweise entscheidend gewesen ist. Nur dass heute – anders als noch in den Studien Max Webers – nicht die Kirchen, sondern große Kunst- und Kulturfestivals wie Burning Man in der Black-Rock-Wüste Nevadas als prägende Institutionen gelten, die das Bewusstsein der arbeitenden Menschen prägen. Sie verwandelten »die Ideale und sozialen Strukturen der Boheme und ihrer Kunstwelten, ihre ganz besondere Art, ›kreativ‹ zu sein, in psychologische, soziale und materielle Ressourcen für die Arbeiter einer neuen, höchst fluiden Welt der postindustriellen Informationsarbeit«.³ Dieser Funktionalisierung der Kreativität entspricht ziemlich genau die Idee, auch die kalte Materie der Maschinen müsse lebendige Ideen produzieren können.

***

So wie der Begriff »Kunst« chronisch unscharf ist und auch sein soll, damit sich unter ihm immer neue Dinge und Ideen versammeln lassen, hat sich auch der multicodierte Begriff »Kreativität« darin bewährt, gänzlich desperate Lebensbereiche und Interessenssphären zu verbinden und zu harmonisieren. Es ist eine Idee, auf die sich alle einigen können, Hightech-Konzerne mit ihren Kapital- und Herrschaftsinteressen ebenso wie

---

3 Fred Turner, »Burning Man at Google. A Cultural Infrastructure or New Media Production«, in: *New Media & Society* 11/1-2 (2209), S. 73-94, hier S. 75 f.

eine Töpferwerkstatt im Hinterhof, die ums Überleben ringt: Sie wollen gleichermaßen kreativ sein.

Durch die digitale Technik hat sich diese Entwicklung noch verstärkt, denn nun fließen die Sphären der Kunst und einer kreativen Alltäglichkeit oft nahtlos ineinander. Die Gesellschaft ästhetisiert sich, die Ästhetik wird gesellschaftlich. Und in der kreativen Maschine findet diese Hybridisierung ihre Chiffre: Das Freisinnige der Kunst und das Zweckhafte des Geräts treten symbolhaft zusammen.

Diese Entwicklung ist schon deshalb bemerkenswert, weil sie sich mit dem Ready-made anzukündigen schien, mit Marcel Duchamp, der darauf aus war, »Werke, die keine Kunst sind«, zu ersinnen und in die Welt zu setzen. Erst jetzt, in der Digitalmoderne, erfüllt sich dieser Wunsch, und die Kunst findet zur erhofften Zwittrigkeit. Sie wird nun selbst wie ein Ready-made behandelt und in eine Sphäre der Kreativität überführt, in der alle ontologischen Unterschiede flachfallen. Diese Sphäre, das Internet, gleicht einer großen Umwälzanlage für Texte, Bilder und Kompositionen, die hier frei und gelöst von ihrer ursprünglichen Bedeutung weitergereicht werden können, oft umgeformt und neu interpretiert. Ähnlich verfuhr Duchamp, wenn er Alltagsgegenstände aus ihrem Kontext herausnahm und sie in die Kontextlosigkeit des Museums und seiner White Cubes überführte, wo sie zu Objekten der Reflexion wurden, Magnete unerwarteter Assoziationen. Nun erlaubt es das Internet, den Austausch zu beschleunigen und die Überformung zu radikalisieren.

Ob es sich um Werke der Kunst oder um Objekte einer Laienkreativität handelt: Beide werden hier auf dasselbe digitale Format gebracht, werden auf dieselbe Weise gezeigt und betrachtet, auf denselben Bildschirmen und dank derselben Plattformen und Portale der Öffentlichkeit dargeboten. Sie werden gleichermaßen in binären Code überführt, der nicht unterscheidet zwischen Bild, Ton, Text oder auch Software. Damit erweist sich die Vielfalt schon in rein formaler Hinsicht als reduktionistisch: Eine global standardisierte Technik vereinheitlicht den Blick und verwischt die Differenz. Sie homogenisiert, schließt kurz, was einst als getrennt betrachtet wurde und als auseinanderstrebend.

***

Das gilt umso mehr, da sich in den Bildkulturen des Internets die hohen und die populären Künste vermengen, und diese Vermengung – man kann es Transgression nennen – durch beliebte, frei verfügbare Programme noch verstärkt wird. Mit einer entsprechenden App lässt sich das eigene Antlitz, sei es als Selfie oder als aufwändig arrangiertes Selbstporträt, binnen Sekunden mit einem Gemälde von Johannes Vermeer verschmelzen, bekommt beispielsweise das Kopftuch des Mädchens mit dem Perlenohrring übergestreift oder wird anderweitig in die Kostüme der alten Kunst gesteckt.

Man kann die Bilddatenbank der Programme auch nach Gemälden durchsuchen, die dem eigenen Gesicht ähneln. Oder man nutzt die Kunstgeschichte als Filter, um den selbstgemachten Fotos einen sehr eigenen Stil angedeihen zu lassen, so dass sie einen Rubens-, Warhol- oder Munch-Look bekommen. Die so entstehenden Fotos lassen sich praktischerweise aus der App heraus versenden, auch als GIF-Datei, so dass die stummen Werke der Kunstgeschichte nicht nur motivisch neu belebt und um sehr aktuelle, persönliche Merkmale bereichert werden, sondern auch wie Bewegtbilder wirken.

Solchen Spielformen der Aneignung und Collage, die durch eine gesellschaftliche Neigung zur Gamifizierung vieler Lebensbereiche noch verstärkt werden, liegen hochkomplexe Algorithmen zugrunde. Sie sollen zur Kreativität anregen, und dafür stellen zahlreiche Museen ihre Kunstschätze gerne zur Verfügung – um sie auf diese Weise zu popularisieren und ein Publikum anzulocken, das irgendwann vielleicht auch die Originale sehen und im Zweifel fotografieren will, nicht selten um bei dieser Gelegenheit dann ein Art-Selfie zu machen, das eigene Gesicht der Kamera zugewandt, das Kunstwerk im Rücken, so als wollten sie es mit dem Hinterkopf betrachten. Lange waren Museen erhabene Speicher für Bilder und Skulpturen. Nun, im Zeichen der Digitalisierung, werden sie zu Orten der Bildproduktion.

Die einst stillen Besucher werden aktiv, das Sehen reicht ihnen nicht mehr, sie wollen gesehen werden, zusammen mit den Bildnissen ihrer Wahl. Sie posieren, sie lächeln, sie stellen sich ins Licht der großen Meister. Im Art-Selfie, könnte man sagen, findet ein altes Versprechen der Moderne zu neuem Ausdruck. Hier ist die Kunst im Leben, und das Leben ist in der Kunst.

Das gilt verstärkt für jene Museen, die ihre komplette Sammlung digital zugänglich machen, inklusive all jener Werke, die seit Jahrzehnten im Depot vor sich hin träumen. In den digitalen Schauräumen werden die Besucher zu Kuratoren und regelrecht dazu verführt, das Museum anders und auf selbstbestimmte Weise zu durchstreifen, die klassischen Ordnungspfade zu verlassen und den eigenen Interessen und Intuitionen zu vertrauen. So ist die Art und Weise, wie beispielsweise das Städel in Frankfurt sein Archiv aufbereitet, höchst ungewöhnlich: Das Museum vermerkt dort nicht nur die klassischen Angaben wie Künstlernamen und Werktitel, es vergibt auch sehr subjektive Schlagwörter, es verzeichnet Stimmung und Wirkung. Daher lässt sich das digitale Depot auch nach jenen Werken durchsuchen, die beispielsweise von Angst erzählen, von Düsternis oder Wut, die aufwühlend oder nachdenklich erscheinen. Es ist eine Einladung, der Kunst auf andere, spielerische Weise zu begegnen, weil sich im digitalen Zugriff die Jahrhunderte, die Stile, die Gattungen vermengen – als Aufforderung zu assoziativer Kunstbetrachtung.

Auch andere Sammlungen öffnen sich unter dem Stichwort »Partizipatives Museum« für digitale Experimente. So ist es auf den Internetseiten des Brooklyn Museum in New York möglich, die Exponate zu kommentieren und sich mit anderen Besuchern auszutauschen. Im Powerhouse Museum in Sydney experimentiert man mit der Möglichkeit, die Nutzer zu einigen Exponaten weitere Informationen beisteuern zu lassen, auch um auf diese Weise die Verschlagwortung weiter zu differenzieren.

Vielerorts werden zudem die Datensätze der gezeigten Bilder und Skulpturen zur Verfügung gestellt, so dass sich die Kunst herunterladen und ausdrucken lässt. Da die Drucktechniken raffinierter werden, auch 3-D-Ausdrucke kein erhebliches Problem mehr darstellen, fallen die Reproduktionen mitunter täuschend echt aus. Damit jedoch stellt sich das Museum auch in dieser Hinsicht zur Disposition: nicht nur als ordnende Autorität, sondern auch als Hüterin der Originale.

So verändern sich die Blicke und Erwartungen vieler Besucher: Die digitale Erfahrung ist eine des raschen Weiterschiebens, des ergänzenden Suchens, nicht zuletzt auch der Ablenkung. Je beweglicher die Bilder werden, auch die der Kunst, je selbstverständlicher die Menschen sich mit ihnen umgeben und sie wie Wörter benutzen, um sich über die eigenen Stimmungen und Bedürfnisse auszutauschen, desto stärker wandelt sich die Rolle der Museen, vom Speicher der Kunst zur Vermittlungs- und Aufarbeitungsstelle, die dem wachsenden Verlangen nach Teilnahme und Einbindung entspricht.

Vergleichbare Phänomene zeigen sich auch in der Literatur, wenn etwa populäre Romane von Fans fortgeschrieben werden, die damit den Autoren des Originals ihre Begeisterung und Verehrung vorführen, zugleich aber bekunden, dass sie sich durchaus als Koautoren betrachten und nicht davor zurückschrecken, sich mit ihren Vorbildern zu messen. Der Fan emanzipiert sich, er tritt auf als selbstbewusstes kreatives Subjekt. Auf der Internetseite »I Write Like« kann er seine Texte sogar dahingehend durchleuchten lassen, ob er mit seinem Schreibstil dem gerühmten Vorbild tatsächlich nahekommt. Der Algorithmus vermag Stephen King von Daniel Kehlmann oder Joanne K. Rowling zu unterscheiden und erkennt in den Texten der Laien mögliche Ähnlichkeiten.

Anders als in diesen Fällen, in denen der reale Künstler weiterhin als Maßstab fungiert, kann eine Figur wie der japanische Popstar Hatsune Miku auf eine Beglaubigung in der Wirklichkeit verzichten. Miku ist eine gänzlich digitale Erfindung, eine Sechzehnjährige in japanischer Schuluniform mit kurzem Röckchen und bodenlangen, türkisfarbenen Haaren, die als Zeichentrickfigur, als Puppe und in vielen anderen Ausprägungen existiert. Ihr Repertoire als Sängerin speist sich zum allergrößten Teil aus jenen Texten und Kompositionen, die ihre Fans dank einer Software namens Vocaloid geschrieben und auf Plattformen wie YouTube veröffentlicht haben. Besonders populäre Songs werden als Alben gebündelt und Hatsune Miku geht mit ihnen auf Tournee, wo sie als Hologramm auftritt, von ihren Anhängern frenetisch bejubelt. Als kollektiver Open-Source-Popstar vereint sie die unterschiedlichsten Wunschvorstellungen, kann süßlichen Pop ebenso vortragen wie Heavy Metal und bedient auf diese Weise eine wachsende, durchaus heterogene Fangemeinde.

Weit über 100 000 Songs werden ihr unterdessen zugeschrieben, ohne dass die alte Vorstellung des authentischen Künstler-Ichs ihrem Erfolg je im Wege gestanden hätte. Gelegentlich singt sie auch Balladen mit Autotune-Effekt, dabei wird die digital generierte Stimme von einer digital erzeugten Art der Stimmverfremdung überformt – ihre Kunst ist hier doppelt künstlich, gewinnt aber durch die kreative Bindung der Fans einen so breiten Rückhalt in der Realität, dass selbst Lady Gaga oder Pharrell Williams mit Hatsune Miku kooperieren.

Die digitale Technik begünstigt also nicht nur den allgemeinen Austausch und die Anteilnahme am kulturhistorischen Kanon. Sie stellt auch Produktionsmittel zur Verfügung, die für den Nicht-Künstler bislang unerschwinglich waren oder ausgeprägte Spezialkenntnisse voraussetzten. In der Musik ist es nun dank entsprechender Programme ein Leichtes, neben diversen Popsongs auch komplexe Musikstücke zu schreiben und zu vertonen, ohne sich mit Harmonielehre auskennen oder eigens eine Band engagieren zu müssen. Auch lassen sich dank eines Programms namens Deep Bach einfache Noten in Choräle verwandeln oder bereits bestehende Melodien wie *God Save the Queen* in eine Bach'sche Klangwelt versetzen.

***

Aber nicht nur die Geschichte und Gegenwart der Künste wird zum Fundus, um selbst kreativ zu werden und sich sortierend, überformend, gestaltend dem zu nähern, was lange als unnahbar galt. Ebenso bietet die Technik selbst einen Resonanzraum, in dem sich die Einzelnen als schöpferisch wahrnehmen können. Das kann auf sehr reduzierte Weise erfolgen, beispielsweise durch eine von Ray Kurzweil lizensierte Software namens Aaron, die für denjenigen, der sie herunterlädt, auf beliebiger Bildschirmgröße endlos viele »originale Kunstwerke« entwirft. Ohne eingreifen zu müssen, kann man hier der Kunst bei der Genese zuschauen, weil sich die generierten Bilder stets erneuern und immer wieder anders aussehen. Das Ergebnis sei »viel interessanter als ein Bildschirmschoner«, versichert die entsprechende Internetseite.[4]

Deutlich ausgeprägtere Formen der Partizipation erlaubt der Crowdpainter, der von Pindar Van Arman und Trillane Burlar, zwei Softwareentwicklern, entworfen wurde. Wer möchte, kann eine Fotovorlage hochladen und sie von einem Roboter in ein Gemälde verwandeln lassen, wobei die einzelnen Pinselstriche online vom Auftraggeber vorgezogen werden können und von der Maschine abgearbeitet werden.

Auch ausgesprochen avancierte Methoden der Kunstproduktion lassen sich mittlerweile von Laien nutzen. Von Computerfirmen wird diese Verbreitung bewusst gefördert, so dass etwa die Entwickler von OpenAI ein Programm namens Jukebox bereitstellen oder das so-

---

4 Ray Kurzweil, »A Message from Ray Kurzweil«, 2001; online verfügbar unter: {http://www.kurzweilcyberart.com/aaron/message.html}.

genannte Brain Team von Google ein Open-Source-Forschungsprojekt namens Magenta vorantreibt, »das die Rolle des maschinellen Lernens als Werkzeug im kreativen Prozess untersucht«.[5] Selbst Programme, die lange Zeit als hochkomplex galten und wie die GANs, *generative adversarial networks*, große Rechenleistung voraussetzen, werden im Zuge technischer Entwicklungen sukzessive demokratisiert und von jenen genutzt, die bislang als Laien galten, sich nun aber, digital ermächtigt, mit den Künstlern vergleichen können und wollen. So begegnet einem die für die GAN-Technik charakteristische Ästhetik der Verschmelzung, Verzerrung und Verformung keineswegs nur im Werk von Künstlern wie Steven Sacks oder Mario Klingemann. Der »Ganismus«, wie manche sagen, ist auch auf Instagram und anderen Plattformen rasch populär geworden, seitdem es Programme wie Artbreeder oder Runway ML gibt. Dort lassen sich Männer- und Frauengesichter, Menschen- und Maschinenleiber, reale und irreale Motive auf vielfältige Weise kreuzen und animieren, und wer möchte, kann im Handumdrehen aus einer hingekritzelten Skizze eine fotorealistische Darstellung machen.

***

---

[5] Siehe die Selbstbeschreibung auf der Website des Projekts: {https://magenta.tensorflow.org}.

Von dieser Entwicklung können sich alle bestätigt fühlen, die ohnehin davon träumen, den Begriffsschirm der Kreativität noch weiter aufzuspannen, so dass auch Maschinen als schöpferisch anerkannt werden, als Künstler unter Künstlern. Die digitale Technik verschiebt das bisherige Wertesystem, denn im Netz sind potenziell alle gleich: gleich in ihren Möglichkeiten der Produktion und Distribution, gleich vor allem aber in ihrer Kopierbarkeit. Die Idee des Originals ist dem Digitalen fremd. Eine solche Idee setzte voraus, dass eine Kopie sich von der Urform unterscheiden ließe; das aber ist hier nicht der Fall.

Die Digitaltechnik geht damit deutlich weiter als die Künstler der Avantgarde, die wie Duchamp massenfabrizierte Waren in den Kunstkosmos integrierte oder wie Martin Kippenberger einen Auftragskünstler engagierte, der für ihn großformatige Bilder malte. Denn ganz gleich, wie sehr sich diese gegen das Ideal des Unikats wehrten, in der Rezeption ihrer Werke blieben Echtheit und Einmaligkeit zentrale Kategorien, für die musealen Sammlungen ebenso wie für den Kunstmarkt.

Wo aber die Kreativität als integrierende Kraft an Bedeutung gewinnt und infolgedessen High und Low weiter zusammenrücken, kommt es auf den Unikatcharakter nicht länger an. Als viel entscheidender erweist sich der Prozess der Aneignung: Die digitale Technik kreuzt die Grenzen der Institution und die Beschränkungen des Marktes, sie verändert die Ontologie des Werks. Über den Erfolg einer Idee entscheidet nun primär, ob eine künstlerische Idee aufgegriffen, ob sie von anderen geteilt und variierend fortgesponnen wird. Nicht auf das Original kommt es an, vielmehr zählt das Originelle, das auf möglichst viele Menschen inspirierend wirkt und sie zu eigener Kreativität verleitet.

***

Allerdings ist damit die Vorstellung, dass die Kunst etwas Einmaliges besitzen müsse, keineswegs verschwunden. Abermals gilt das Prinzip der Doppelcodierung: Man hält das Authentische in Ehren und kann sich gleichwohl für das Gegenteil begeistern, für das authentisch Unauthentische. »Nie war mehr Mittelbarkeit im scheinbar Unmittelbaren«, schreibt Dirk Baecker.[6]

Erstaunlich vital ist nach wie vor das Bild vom eigensinnigen, unverwechselbaren Künstler-Ich, das schon deshalb am Unikat festhält, weil es selbst als solches wahrgenommen werden will. Nach wie vor umweht das Original eine besondere Aura, schließlich hat es der hehre Künstler eigenhändig erschaffen, im Schweiße seines Angesichts. Ein Schöpfer schöpft, er kopiert nicht, das gehört zu den Urmythen der Kunst; nur was authentisch empfunden, authentisch ins Werk gesetzt worden ist, soll demnach wertvoll sein. Wie im animistischen Glauben der Vormoderne das Dargestellte in

---

6 Baecker, *4.0 oder Die Lücke die der Rechner lässt*, S. 18.

der Darstellung eine reale Präsenz gewann, als *vera ikon*, so gewinnt auch des Künstlers leibliche Eigenheit und Wahrheit im Corpus des Werks an Gegenwart.

Zugleich integriert dieses Künstlerbild problemlos jegliche Abweichung. Auch unter fabrikartigen Bedingungen hergestellte Werke wie die von Ólafur Elíasson oder Jeff Koons werden ihnen ganz selbstverständlich zugeschrieben, egal ob sie diese selbst entworfen und angefertigt haben. Es braucht die körperlich beglaubigte Wahrhaftigkeit und braucht sie gleichwohl nicht. Wiederum ist es die multiple Persönlichkeit der Künstlerfigur, die sich in der Digitalmoderne als überaus hilfreich erweist. Es ist dieser Persönlichkeit möglich, konträre Erfahrungen und Lebenswelten in sich zu vereinen, so dass nicht nur in der Kunst, sondern auch in der Alltagswelt das Prinzip einer unauthentischen Authentizität erstaunlichen Zuspruch findet.

In den Wohnungen vieler Menschen zeigt sich das besonders anschaulich: Deren Einrichtung gilt vielen unterdessen als Zeichen einer offensiv bekundeten Lebenshaltung, denn auch das Wohnen will und soll kreativ gestaltet werden, um diese Kreativität wiederum im Netz zu verbreiten. Bewährt hat sich für diesen Zweck der sogenannte Bohemian Style, der schon der Bezeichnung nach an das Künstlermilieu erinnert. Viele sprechen auch von Shabby Chic, andere vom Retro, Vintage oder Used Look, allen gemeinsam ist, dass hier, in diesen Möbeln, das Vorläufige und Wandelbare eine bleibende Form bekommt. Während der Antiquitätenhandel mit dem Aufkommen der Digitalmoderne schwere Einbußen hinnehmen musste, weil Biedermeiersofas oder Bauernschränke nur noch selten nachgefragt wurden, erfreut sich seither das Nachgemachte, das unwahr Alte erstaunlicher Beliebtheit. Solche Möbel werden en masse fabriziert, ähnlich wie Vintage-Jeans, die mit ihren Löchern am Knie vorgeben, ein Einzelstück zu sein, obgleich eine Maschine die Löcher hineinreißt, als Zeichen eines gelebten wilden Lebens.

Diese Veränderung in den Wohnwelten der Gegenwart erinnert von fern an den Historismus des 19. Jahrhunderts, der die industrielle Revolution und ihre Modernisierungsschübe dadurch kompensieren wollte, dass er vielen Gebrauchsgegenständen ein wohlvertrautes Stilkleid überwarf. Man erfand sich eine Tradition, weil einem die eigene abhandenkam. Doch anders als der Historismus, der mit gotischen, barocken oder von der Renaissance inspirierten Formen spielte, kennt der Shabby Chic keine klaren Stil- und Formbezüge. Er legt sich nicht fest auf bestimmte Epochen, ihm ist die konkrete, die gelebte Vergangenheit fremd. Er interessiert sich nicht für das Original und nicht für Authentizität, ihm geht es ums Jetzt. Und so handelt es sich bei dem Historismus eher um Kontemporismus. In seiner Unbestimmtheit zeigt sich ein Sieg des Seriellen über das Einmalige, und er verdankt sich einer Zeit, in der sich viele Menschen nach unverwechselbarer Identität sehnen, diese Identität aber nicht aus einer verbindlichen Tradition ableiten, sondern selbst und frei gestalten wollen. »Die Dinge antworten nicht mehr auf die Frage: ›Wer sind wir?‹ (In welcher Ordnung stehen wir?)«, schreiben Markus Metz und Georg Seeßlen. »Stattdessen geben sie Antwort auf die Frage: ›Wer bin ich?‹ (Welche symbolische Ordnung kann ich wählen, welche symbolische Ordnung kann mich aufnehmen?).«[7]

Das eigene Selbst soll sich im Kontemporismus als erfindungsreich erweisen, beständig darum bemüht, weitere Facetten auszuprägen. Also richtet man sich ein mit Möbeln, die alles in der Schwebe lassen und mit ihrem Non-finito-Look signalisieren, dass die jetzt noch grob abgeschmirgelten Oberflächen vielleicht morgen schon neu lackiert werden könnten. Die Digitalmoderne sehnt sich nach Selbstbestimmtheit, darum kann sie mit Antiquitäten im herkömmlichen Sinn wenig anfangen, sind diese doch von einer unverfügbaren Vergangenheit bestimmt. Weil der Kontemporismus über diese Unverfügbarkeit verfügen will, stellt er das Gewordene selbst her. Und demonstriert damit, dass es mehr das Machen ist und weniger das Sein, mehr das Formen und weniger die Form, die zum Garanten eines kreativen und damit hinreichend abwechslungsreichen Lebens werden.

Vor diesem Hintergrund – eben weil sich die Erwartungen an das, was die ästhetische Produktion idealerweise ausmacht, deutlich verschoben haben – gewinnt die Idee einer kreativen Maschine an Plausibilität. Eine

---

7 Markus Metz und Georg Seeßlen, *Schnittstelle Körper*, Berlin: Matthes und Seitz 2018, S. 51.

solche Maschine hat kein gelebtes Leben vorzuweisen, doch je weniger es auf die herkömmliche Idee von Authentizität ankommt und je populärer und alltäglicher die künstlichen Qualitäten des Seriellen und Prozessualen werden, einer fabrikhaft produzierten Echtheit, desto wahrscheinlicher wird es, dass sie auf dem Feld der Kunst die erhoffte Resonanz findet, als angesehenes, wenn nicht sogar selbstverständliches Mitglied der wachsenden Kreativgemeinschaft. Zusätzlich beflügelt wird diese veränderte Wahrnehmung, weil mit dem Leitwert des Authentischen noch ein weiterer Zentralbegriff der modernen Kunst an Bedeutung verliert: die Autonomie.

***

Auch dieses Ideal ist von den Avantgarden immer wieder befragt worden, manche erkannten darin die Gefahr eines weltfernen Ästhetizismus, einer L'art pour l'art. Unterdessen jedoch – und das ist der entscheidende Unterschied – kommt die Kritik an der Autonomie aus der Gesellschaft selbst, ausgelöst nicht zuletzt durch die allgemeine Kreativisierung und den neuen Vorrang des Digitalen.

Im entgrenzten Raum der Kreativität, in dem sich High und Low begegnen und sich die Zugänge zur Kunst, ihrer Herstellungs-, Rezeptions- und Verbreitungsmöglichkeiten, demokratisieren, lassen sich Sonderzonen des Autonomen schwerlich legitimieren und aufrechterhalten. Sie würden voraussetzen, dass weiterhin strikte Unterschiede gemacht und plausibel begründet werden müssten, denn ebensolche Unterschiede impliziert das Konzept der Autonomie. Es trennt zwischen den freien und den angewandten Künsten, zwischen Hochkultur und primitiver Kunst, zwischen dem Geschmack der Kenner und dem der Massen, zwischen der originären und der epigonalen Form.

In der Praxis der Gegenwartskünste wird eine solche Sonderzone zwar behauptet, doch ist dies oft eine Behauptung, die ohne inhaltliche oder formale Gründe auskommt, die einen besonderen Autonomiestatus rechtfertigen könnten. Es braucht diese Rechtfertigung auch nicht unbedingt, denn die Unterscheidung erweist sich als hochgradig institutionalisiert, ist also zementiert und abgesichert. Anders gesagt: Sie ist eine autoritäre Setzung. Nur deshalb ist eine Überschreitung des Autonomiepostulats durch einzelne Künstler möglich: Gäbe es keine Museen, deren gesammelte Werke als prinzipiell autonom gelten, entstanden frei von Fremdinteressen oder sonstigen außerästhetischen Zwängen, wäre es kaum denkbar, ein Objekt wie Duchamps Flaschentrockner als Kunstwerk zu deklarieren. Und nur so können Künstler, die in ihrer Praxis längst zu Auftragnehmern geworden sind, abhängig von Kuratoren und Sammlern, nach wie vor ihren Glauben an die Selbstbestimmtheit hochhalten, obwohl ihre Kunst längst postautonom geworden ist.

Allerdings fungieren die Institutionen nur deshalb als Torwächter und Beschützer des Autonomieanspruchs, solange sie Autorität genießen. Schwindet die Autorität – und das tut sie, je weiter sich das kreative Schaffen als gesellschaftliche Leitidee ausweitet und Museen verstärkt als Ideenbörsen auftreten –, wird es für die Institutionen deutlich schwieriger, ihren Status und die dort gehüteten Freiheitsvorstellungen aufrechtzuerhalten. Gelegentlich sehen sie sich sogar mit Protesten konfrontiert, die an der bisherigen Auswahl zweifeln und die Autonomie als zentrales Auswahlkriterium hinterfragen.

Der Kanon müsse neu ausgehandelt werden, und zwar möglichst demokratisch, so eine verbreitete Forderung, die sich beispielsweise in den internationalen Debatten über neue Leitbilder der Sammlungen spiegelt. »Museen sind demokratisierende, inklusive und vielstimmige Räume für den kritischen Dialog über die Vergangenheit und die Zukunft«, heißt es in einer Definition, die 2019 von der Museumsdirektorin Jette Sandahl für den Internationalen Museumsrat mit erarbeitet worden war, um die Aufgaben und Ziele der Institutionen neu zu fassen.[8] Auch andernorts gibt es Aufrufe, das Machtmonopol der Kuratoren und Sammler zu brechen, viele Museen seien zu einer »Dauerwerbesendung für den Kult der großen Preise verkommen«.[9]

---

8 Zitiert nach Beate Reifenscheid, »Gegen Unverbindlichkeit und Politisierung: Zur Neudefinition der Museen«, wissenschaftskommunikation.de (11. November 2019); online verfügbar unter: {https://www.wissenschaftskommunikation.de/gegen-unverbindlichkeit-und-politisierung-zur-neudefinition-der-museen-32389/}.
9 Stefan Heidenreich und Magnus Resch, »Schluss mit dem Kult der Exklusivität!«, in: *Die Zeit* (29. Oktober 2019); online verfügbar un-

Die Partizipation, die in den digitalen Räumen mancher Sammlungen bereits zugelassen und sogar gefördert wird, fordert man nun auch für die analoge Präsentation. Der Druck ist mancherorts derart groß (oder wird als so groß empfunden), dass selbst einflussreiche Kunsthäuser wie das Museum of Modern Art (MoMA) in New York ihre Ausstellungs- und Sammlungspolitik gründlich überdenken und Selbstkritik üben. Die klassische Fortschrittsgeschichte der Kunst, die in der Heroengeschichte der Avantgarde ihren Höhepunkt fand, weise etliche blinde Flecken auf, sie sei meist aus einer eurozentrischen, männlichen, weißen Perspektive erzählt worden. Weil aber das Publikum der Museen diverser und kosmopolitischer werde, da sich die Gesellschaft pluralisiert und Kreativität als geteilte und einende Kraft erscheint, gelten jene Forderungen, die den Kanon der Kunst neu bestimmen wollen, als umso berechtigter.

Einige Häuser versuchen sich als soziale Plattform zu verstehen und suchen gezielt die Analogie zu digitalen Foren. Sie wollen »allen gesellschaftlichen Gruppen kulturelle Teilhabe ermöglichen« und begreifen sich als »Bewegung für mehr Demokratie im Kunstbetrieb«. Künftig könnte eine Schwarmintelligenz das Kuratieren von Ausstellungen übernehmen, so eine Überlegung. Zugleich wird – quasi als Pendant dazu – auch »eine künstliche Intelligenz als Kurator*in« in Er-

ter: {https://www.zeit.de/2019/45/kunst-kunstszene-kunstwelt-exklusivitaet}.

wägung gezogen, so als könnte auf diese Weise ebenfalls ein kollektiver Wille zum Ausdruck kommen.[10]

Mit der angestrebten Demokratisierung, so berechtigt sie im Einzelfall sein mag, geraten die Museen allerdings in ein Dilemma, dem kaum zu entkommen ist. Die Relativierung des Kanons bringt einen unerwünschten Nebeneffekt mit sich: Auch die Autonomie, die Idee einer freien, radikalen, provokativen Kunst, wird relativ. Sie erscheint jetzt nur noch als eine Idee unter vielen, und wer sie dennoch gegen die wachsenden Mitbestimmungsansprüche verteidigt, zieht rasch den Vorwurf auf sich, einem alten, autoritären Weltbild anzuhängen.

Verschärft wird das Dilemma noch, wenn der Kanon nicht nur geweitet, sondern auch möglichst gerecht gestaltet werden soll, gerecht in einem gesellschaftlichen Sinne und im Sinne der im Internet eingeübten Praxis des Teilens und Variierens. Viele Museen streben eine solche Gerechtigkeit an, sie wollen Museen der Inklusion sein. Damit sehen sich die Kuratoren mit der schier unlösbaren Aufgabe konfrontiert, eine Auswahl aus der schier unendlichen Fülle kultureller Artefakte zu treffen, die nicht nur ästhetischen Idealen verpflichtet ist und den Kriterien einer oft linear gedachten Kunstfortschrittsgeschichte folgt. Sie soll auch gesellschaftlich wertvoll sein und deshalb den klassischen Unterschied zwischen minderer und höherwertiger Kunst nicht

---

10 »Wie sollte das Museum der Zukunft aussehen? Klar ist: Museen und kulturelle Einrichtungen befinden sich im Wandel«, nextmuseum.io; online verfügbar unter: {https://www.nextmuseum.io/unsere-mission/}.

mehr treffen, weil damit unvermeidlich ein Akt der Ausgrenzung verbunden ist, die dem selbstgesetzten Ziel der Inklusion zuwiderläuft. Das Museum als Ort der Diskriminierung, verstanden als Differenz und Aussonderung, scheint aus der Zeit gefallen.

***

Dem Traum von der kreativen Maschine kommt dieser Hang zur Gleichrangigkeit entgegen. Wo die bisherige Vorstellung der Autonomie und Authentizität relativiert wird, öffnet sich der Raum für eine Kunst, die nicht länger aus den Traditionen des hehren Idealismus schöpft und auch ohne die Idee eines geistig souveränen, allein dem eigenen Willen folgenden Subjekts auskommt. Lange war Autonomie nicht als Selbstzweck gemeint, sondern sollte exemplarisch wirken. Am Original des Kunstwerks würde sich, so die einst verbreitete Hoffnung, auch das Original des Menschen, seine unentfremdete, nicht von falschen Kopien überblendete Eigenheit ausbilden können. Überwölbt und eingefangen wurden diese Eigenheiten in ihren oft stark divergierenden Ausprägungen von der Institution Museum, verstanden als exemplarischer Ort, der das Konsensuale sucht, ohne die Unterschiede zu nivellieren. Diese Funktion übernimmt heute weniger eine Institution als ein Begriff, eben der Begriff der Kreativität – und anders als das Museum impliziert dieser keine bleibende Ordnung, verspricht auch nicht das Echte und Ewige. Dafür aber verheißt er – digital beschleunigt –

den permanenten Wandel und erlaubt eine Offenheit, in der das Subjekt sich immer aufs Neue mit sich selbst und anderen in Beziehung zu setzen vermag.

Weil Kreativität nicht auf das Prinzip der Aus-, sondern das der Zuwahl setzt, ist das kollektivierende Moment stärker ausgeprägt als im Museum. Das wahre, immer auch einsame und verlorene Ich, wie es in einem Gemälde wie dem *Mönch am Meer* von Caspar David Friedrich beispielhaft auftritt, verliert an Relevanz; der Gedanke einer absoluten Freiheit (und, damit verbunden, auch einer großen Ausgesetztheit) weicht der Vorstellung, dass es Individualität nur im Verbund gibt; nicht als Zustand, sondern als Erfahrung, geteilt, vernetzt und abhängig.

***

Diese stark aufgeweichte Vorstellung von Subjektivität findet in der konsensstiftenden Kreativität ihre kongeniale Entsprechung. Und die Maschine, die bekanntlich ohne heroisches Ich und bislang auch ohne Bewusstsein ihrer selbst auskommen muss, erweist sich nachgerade als Glücksfall. Schon weil sie den größtmöglichen Überblick über die kulturellen Artefakte besitzt, einen Speicher, in dem potenziell sämtliche Texte, Töne, Bilder gleichrangig und gleichförmig archiviert werden können, ist sie anders als das Museum nicht zur Selektion gezwungen, sondern kann die Gleichheit zu ihrem Leitideal machen. Weil sie kein Ich besitzt, bleibt sie offen für alles und sein Gegenteil: Ihre Form ist das Unausgeformte. Sie hat auch kein Ziel vor Augen, deshalb weiß sie nicht, wann eine Form gefunden, wann ein Gemälde gut ist oder wie sich ermessen lässt, ob eine Komposition sich gerundet hat. Sie vermag unendliche Formen zu produzieren, nur eben ein Ende nicht, keine Gültigkeiten, weil sie dafür ja das eigene Tun bewerten müsste. Doch kann sie die Werte, die es dafür braucht, nicht aus sich selbst beziehen: nicht den Eigensinn eines gelebten Lebens, nicht die Intuition, die immer auch einer körperlichen Erfahrung entspringt. Die Maschine kann nur abbrechen, sie kann nichts vollenden. Eben das aber macht ihre Kunst so attraktiv: Sie wird nie fertig, sie darf sich weiter, immer weiter bilden und nimmt den Menschen hinein in ihren breiten Strom der kreativen Energien.

Als reine Kunst ließe sich das bezeichnen, so unschuldig, arg- und planlos, wie es vielen Avantgardisten einst vorschwebte, als sie von den Zeichnungen der Kinder oder den Masken der Indigenen schwärmten. Auch ihre Hervorbringungen schienen ungetrübt von individuellem Geltungsdrang und verbildeten Ansprüchen, hier kam die Kunst zu sich selbst. Es waren Projektionen, die hinausführen sollten aus den gelehrten Museen, aus der Enge akademischer Prägung. Hinaus in eine Ursprünglichkeit, die sich nun ausgerechnet in der digitalen Technik neu entdecken lässt. Die kreative Maschine produziert so gesehen Art brut: die ultimative Form von Outsider-Kunst.

***

In diesem Outside, diesem Draußen, ist die Kunst jetzt, im Zeitalter der Kreativität, angekommen. Sie ist allgemein geworden und selbstverständlich, und war sie einst als Gegenkraft gemeint gewesen, hat diese Kraft sich erschöpft in den Weiten einer alles durchdringenden Zeichen- und Symbolwelt, in der das Reale von der Irrealität der künstlichen Bilder verdrängt zu werden droht. Der Blick geht nicht länger in die Ferne, sondern wird gefasst vom Rahmen der Bildschirme, die den Menschen begleiten, wohin er auch geht. Die Realität hat sich dank der Technik entwirklicht, sie ist geprägt von Fiktionen und Fakes, von digitaler Bild- und Textmanipulation, die das Konzept der objektiven Nachricht hintertreibt und selbst das dokumentarische Foto ohne Weiteres wie eine Lüge aussehen lässt. Alles wird von allen fotografiert, doch die einstige Vorstellung, dass eine Fotografie die Wirklichkeit auf besonders direkte Weise einzufangen vermag und es dort ein *punctum* gebe, »jenes Zufällige an ihr, das mich besticht« (Roland Barthes), diese Vorstellung verblasst. Die Kamera der Gegenwart ist ein hochgezüchteter Computer, eine Manipulationsmaschine, die darauf ausgelegt ist, das Wirkliche dem Idealbild ihrer Programmierer anzugleichen – und die zugleich dazu auffordert, das Foto nicht als Endprodukt zu verstehen, sondern als Rohmaterial, das lustvoll bearbeitet und den inneren Bildern der Fotografen angeglichen werden will.

Wie machtvoll und ihrem Charakter nach politisch die bildliche Formbarkeit der Wirklichkeit sein kann, zeigt sich besonders deutlich im Phänomen der Deepfake-Videos. Je größer die Möglichkeiten einer künstlichen Intelligenz werden, desto leichter wird es, beispielsweise die Rede von Politikern zu simulieren: Als Marionetten ihrer selbst bewegen sie den Mund und heraus kommt ihre Stimme, nur dass sie Dinge sagen, die sie nie gesagt haben. Die Gefahren einer solchen Manipulation sind offenkundig, und sie verstärken sich in dem Maße, in dem sie für politische Propaganda in den sozialen Medien genutzt werden.

Nichts ist mehr gewiss in der Digitalmoderne, und so verzieht sich mit den Ideen der Authentizität und Autonomie auch der Glaube an eine tiefere, geteilte Wahrheit und daran, sie in der Kunst erahnen oder gar erkennen zu können. Mit ihren Fiktionen geht sie auf in der großen Fiktionalisierung, geht ein in die Gleichheit der Kreativen. Die Kunst ist jetzt ein Abbild von Kunst. Und so ist just in dem Moment, da sich der Traum von der kreativen Maschine zu erfüllen beginnt und es denkbar wird, dass sie unausgesetzt eine Kunst für alle und mit allem erzeugt, das Ziel dieser Erfüllung bereits erreicht. Wer indes hoffte, dass die Maschine den Menschen entlasten, ihn vom Imperativ der Kreativität restlos befreien würde, weil künftig nicht nur die körperliche, sondern auch die geistige Arbeit automatisiert wird, der sieht sich getäuscht. Denn wo die Maschine kreativ wird, ist der Mensch umso mehr gefordert, will er von der Zukunft nicht lassen.

TECHNIK
der Selbstbefriedung
Weshalb die Kunst ein harmonisches Bündnis zwischen Mensch und Maschine stiftet

Angenommen die kreative Maschine böte eine überzeugende Antwort – was war dann gleich die Frage? Seit es den Homo sapiens gibt, hat er Dinge erfunden, die ihm das Leben leichter machen sollten, Werkzeuge, die ihn stärker und mächtiger werden und die Zwänge der Natur überwinden ließen. Doch diese Geschichte der Ermächtigung durchzieht ein Zwiespalt, der bis heute zu spüren ist und viele Menschen beunruhigt: Je mehr sie die Welt beherrschen, umso weiter entrückt sie ihnen. Der technische Fortschritt sorgt für Distanz zur Natur, auch zur eigenen Natürlichkeit, sie wird abstrakt. So überwindet der Mensch alles, was ihm fremd und bedrohlich scheint, nur um mit sich selbst zu fremdeln und das eigene Tun als Bedrohung wahrzunehmen.

Mit der Glühbirne hat er seine künstliche Sonne, mit der Herdplatte ein künstliches Feuer, und nicht selten wähnt er sich selbst als großes Kunstwerk, was ihn erfreut und was er beklagt. Er ist der Sieger des Fortschritts und empfindet sich doch als sein Opfer, genießt die Freiheit und sieht sich entwurzelt. Nach wie vor will er zurück zu einer Ordnung, die nicht gemacht, sondern gegeben ist, zurück ins verlorene Paradies, das keinen Fortschritt kennt und die »Entzauberung der Moderne« (Max Weber) überwindet.

Es ist nicht zuletzt dieser Zwiespalt, der den Traum von der kreativen Maschine vorantreibt und ihn verführerisch erscheinen lässt. In diesem Traum wird die Distanz überwunden, hier begegnen sich erste und zweite Natur, das Menschliche und das Maschinenhafte. Mehr noch, der Traum weist über sich selbst hinaus und entwickelt sich – eben weil er von der Kunst handelt, vom Reich der Zeichen und Symbole – zu einer Großerzählung, die darauf baut, dass sich nicht nur Mensch und Maschine befrieden. Es verschwindet auch, auf lange Sicht gesehen, das Prinzip der Gegensätzlichkeit als solches. So wie die Kreativität als gesellschaftlicher Leitwert die Unterschiede zwischen oben und unten, Marginalität und Bedeutsamkeit, Original und Kopie verwischt, so drängt die kreative Maschine zu einer dritten Natur, in der jede klare Grenze überwunden wäre.

Vor allem diese Hoffnung macht den Traum von der kreativen Maschine zu einem Traum der Digitalmoderne, in der sich viele Lebenssphären verschwistern und das alte Denken in starken Unterschieden – ganz gleich, ob zwischen den Geschlechtern, den Gattungen der Kunst oder zwischen Menschen und anderen Lebewesen – einem Denken in hybriden Weltvorstellungen weicht.

Diese Hybridisierung hat viele Dimensionen und meistens geht sie einher mit dem Idealbild einer neuen Unmittelbarkeit: Jede Art von intermediärer Instanz soll umgangen werden. In ökonomischer Hinsicht zeigt sich dieses Kill-the-middleman-Prinzip etwa in der Forderung, auf die alte Vermittlerfunktion von Kaufhäusern, Taxizentralen oder Reisebüros zu verzichten, letztlich auf jede Form von Spezialisierung, denn ein jeder kann und soll nun selber Waren herstellen und anbieten (Etsy), sein Auto als Taxi verwenden (Uber) oder seine Wohnung als Pension (Airbnb) anbieten. Auch in politischer Hinsicht prägt das Ideal der Unmittelbarkeit die Diskurse, wenn etwa gefordert wird, jegliche Art von Repräsentation solle übersprungen werden, um eine Liquid Democracy zu entwickeln, in der sich der Wille der Einzelnen und damit auch der Wille des Volkes direkt und störungsfrei zu artikulieren vermag.

Die Idee der Entgrenzung prägt die Natur- wie die Geisteswissenschaften gleichermaßen und findet in der Kunst, die sich traditionell als transgressive Kraft versteht, ein breites Echo. So plädierte Carolyn Christov-Bakargiev, die Leiterin der Documenta 13, in einem Interview 2012 dafür, Tiere und Pflanzen so zu emanzipieren, dass selbst »eine Erdbeere ihre politische Intention vorbringen kann«. In ihren Augen gebe es »keinen grundlegenden Unterschied zwischen Frauen und Hunden oder zwischen Männern und Hunden.

Auch nicht zwischen Hunden und den Atomen, die meinen Armreif bilden.«[1]

***

Dieses Denken, in dem nicht das Trennende, sondern das Verbindende hervorgehoben wird und selbst zwischen organischer und anorganischer Materie keine kategoriale Differenz besteht, schließlich gilt das Prinzip »Alles fühlt« (Andreas Weber), blickt auf eine lange, sehr lange Tradition zurück. Vermutlich war es sogar dieses Denken, das die Menschen ursprünglich eine künstlerische Praxis erst entwickeln ließ.

Vor gut 40 000 Jahren, um einmal so weit zurückzuschauen, griff der Homo sapiens sapiens, der besonders kluge Mensch, nach einem Stück Kohle, malte eine Gazelle auf die Felswand oder nahm ein Stück Elfenbein, um daraus ein Mammut zu schnitzen. Er tat etwas, das kein Lebewesen vor ihm getan hatte: Er gab seinen inneren Bildern eine bleibende Form. Auch Tiere schmücken sich, bauen kunstvolle Nester. Und wer Affen einen Pinsel gibt, dazu Farbe und Leinwand, kann sich bald über die wunderlichsten Formgewitter freuen. Doch den Menschen drängt es zum Symbol, und er will seine Bilder mit Sinn und Bedeutung auf-

---

[1] »Über die politische Intention der Erdbeere«, Interview mit Carolyn Christov-Bakargiev, in: *Süddeutsche Zeitung* (8. Juni 2012); online verfügbar unter: {https://www.sueddeutsche.de/kultur/documenta-leiterin-carolyn-christov-bakargiev-ueber-die-politische-intention-der-erdbeere-1.1370514}.

laden. Was draußen, vor den Urzeithöhlen, wild war und oft unbezwingbar, ließ sich in der Kunst zähmen und beherrschen. Die eigenen Ängste und Gelüste bekamen eine Form, die greifbar schien, mit kräftigem Strich umrissen, kontrollierbar. Der Mensch hatte nicht das Eigentliche, aber er hatte das Bild – und das Bild war Macht. Mochte die Welt ein Chaos sein, in der Kunst zeichneten sich Muster ab. Sie lehrte das präzise Beobachten, sie half dabei, Unterschiede zu erkennen. Sie stellte still, was flüchtig war, und ließ die Zeit spürbar werden. In gewisser Weise war es der Anfang der Ordnung.

Um diese ordnende, die reale Welt in ihrer Unbegreiflichkeit bannende Wirkung zu erzielen, musste den Zeichen eine eigene Macht unterlegt sein. Nur wer ihnen eine eigene Lebendigkeit zutraute, konnte sie auf magische Weise für mächtig halten. Eine solche magische Kraft lebt bis heute fort, etwa dann, wenn Menschen ein Foto ihrer Liebsten zerschneiden und dabei einen inneren Widerstand verspüren, weil es ihnen vorkommt, als zerschnitten sie etwas Reales. Auch in den Denkmalstürzen der Gegenwart zeigt sich diese Kraft, wenn Demonstranten auf eine Skulptur eintreten, sie bespucken, als könnten sie so den Gewalttäter selbst treffen.

Dieser animistische Zug der Kunst, in der Darstellung und Dargestelltes zusammenfallen, wurde auch von vielen Künstlern der Moderne gepflegt und gelegentlich ins Spiritistische oder Okkulte fortgesponnen, etwa von der schwedischen Künstlerin Hilma af Klint, die Stoff in Geist verwandeln wollte, oder von der amerikanischen Malerin Agnes Pelton, die meinte, durch ihre semiabstrakten Gemälde mit Geistern in Kontakt treten zu können. Hier erschien die Kunst als Medium, sie sollte zwischen den Sphären vermitteln.

Umgekehrt lässt sich die digitale Technik in ihrer Geisterhaftigkeit ebenfalls als ein Medium erfahren, das transzendierende Kräfte zu besitzen scheint und auf das kreative Schaffen und das menschliche Selbstbild zurückwirkt. So berichtet der Künstler Jake Elwes, dass der von ihm entwickelte Algorithmus auf tagträumerische Weise »nach einer noumenalen Welt greift, einer Welt außerhalb unserer Erfahrung«.[2] Von vergleichbaren Eindrücken berichtet K Allado-McDowell, eine Künstlerin, Musikerin und Autorin, die gemeinsam mit dem Programm GPT-3 das Buch *Pharmako-AI* verfasst hat, eine Mischung aus Essays, Dichtung und Science-Fiction. »Am Ende des Prozesses fühlte sich meine Beziehung zu GPT-3 orakelhaft an«, schreibt sie über diese Form der Kooperation. »Es funktionierte eher wie ein divinatorisches System (zum Beispiel das Tarot oder das I Ging), denn als ein Schreibgerät, weil es unbewusste, in meinem eigenen Denken verborgene Prozesse offenbarte. […] Es fühlte sich an, als würde man ein Kanu in einer dunklen Höhle einen Fluss hinuntersteuern. Oder als würde man Glocken entdecken, die in der Erde vergraben sind. Oder als

---

[2] Zitiert nach Arthur I. Miller, *The Artist in the Machine: The World of AI-Powered Creativity*, Cambridge/Mass.: The MIT Press 2019.

würde man ein Rennpferd durch ein Feld von Konzepten reiten.«[3]

***

Ebensolche Eigenschaften werden der Kunst schon lange zugeschrieben, man entdeckte ihre magischen, beschwor ihre alchemistischen, ihre geheimnisvoll dunklen Qualitäten. Und es ist unter anderem diese Tradition, die im Traum von der kreativen Maschine fortlebt. So galten antike Skulpturen während der Renaissance lange als Fossilien, oftmals mussten sie erst ausgegraben, in den Tiefen der Erde, also im Reich des Naturgeformten, geborgen werden (wie bei K Allado-McDowell die Glocken, »die in der Erde vergraben sind«). Entsprechend lassen sich die Werke einer kreativen Maschine als Fossilien der Zukunft verstehen, weil sich in ihnen eine menschliche und ebenso eine nichtmenschliche Gestaltungskraft zu erkennen gibt, wobei das Nicht-Menschliche anders als in der Renaissance nicht als göttlich durchwebt, sondern als dritte Natur zu denken wäre. Damals hielt man es für ausgemacht, dass die Schöpfung selbst Bildwerke hervorgebracht habe, heute soll das den Algorithmen möglich sein.

Seit einigen Jahren kategorisieren manche die Gegenwart als Anthropozän, wahlweise auch als Techno-

---

3 Patrick Coleman, »›Riding a Racehorse through a Field of Concepts‹. What it's like to Write a Book with an A. I.«, in: *Slate* (30. November 2020); online verfügbar unter: {https://slate.com/technology/2020/11/interview-k-allado-mcdowell-pharmako-ai.html}.

zän oder Eurozän, als eine geochronologische Epoche, in der es schier unmöglich wird, das Nicht-Menschliche als Idee noch länger aufrechtzuerhalten. Nun steht alles Leben auf der Erde unter dem Verdacht, von den Eingriffen des Menschen in Klimaprozesse oder in die biologische Fortpflanzung beeinflusst zu sein, so dass es kein unschuldig-reines Außerhalb mehr gibt. Gerade das, die Ununterscheidbarkeit, ist es, die das Streben nach einer kreativen Maschine ausmacht. Hier gewinnt das bedrohlich wirkende neue Zeitalter – es gibt keine Natürlichkeit mehr, alles ist menschengeprägt und deshalb dem Verderben preisgegeben! – eine produktive, besänftigende und in jedem Fall nobilitierende Perspektive. Hatte die bannende Kraft der Zeichen einst, in den Höhlen der Urzeit, den ungezügelten und unkontrollierbaren Kräften der Natur gegolten, sind es jetzt die eigenen entfesselten Kräfte, die des Fortschritts und der Naturkultur, die man domestizieren möchte. Was nicht mehr zu fassen ist, weil die digitalen Mächte ebenso diffus und unvorhersehbar erscheinen wie die Cloud, die zum Synonym der Digitalmoderne geworden ist, gewinnt in der Kunst eine konkrete Gestalt und mit der Maschine, der sie entstammt, einen benennbaren Adressaten.

In der Sprache hat sich diese tröstende Botschaft längst eingeschlichen, hier wird die Technik biologisiert und der Mensch als Automat bestimmt. Allein die Rede von der künstlichen Intelligenz impliziert, dass Maschinen einen Verstand besitzen könnten und also als Wesen zu begreifen seien, als Charaktere mit eigenen Wünschen und Zielen. Mit dem Begriff des »neuronalen Netzes« wird die Vorstellung geweckt, die Maschine besitze ein Gehirn, und dieses lasse sich, so eine gängige Formulierung, »trainieren«, eben wie ein Muskel trainiert wird. Auf diese Weise soll die Maschine die Fähigkeit des Deep Learning oder Deep Thinking entwickeln, soll also eine Tiefe im Lernen und Denken erreichen, die im Grunde, das suggerieren die Metaphern, nur Philosophen zugänglich ist (dabei kennt das Gehirn keinen Zentralprozessor wie der Computer, dafür hundert Billionen Synapsen). Sogar die Begabung zum Träumen will man den Algorithmen zusprechen, etwa mit dem von Google veröffentlichten Programm Deep Dream. Erfunden wurde es, weil sich Wissenschaftler ein Bild davon machen wollten, »was ein tiefes neuronales Netzwerk sieht, wenn es ein bestimmtes Bild anschaut. Später wurde der Algorithmus zu einer neuen Form der psychedelischen und abstrakten Kunst.«[4]

Umgekehrt ist es in der Alltagssprache üblich geworden, für menschliche Verhaltensweisen technische Metaphern zu verwenden, beispielsweise wenn jemand erholungsbedürftig ist und deshalb »seinen Akku aufladen« muss oder sich in einer Lebenskrise befindet und dringend einen »Neustart« braucht, um nicht »abzustürzen«. Menschen »scannen« ein Buch, das Wichtigste darin wird von ihnen »abgespeichert«, damit sie

---

4 Siehe die Website zu dem Programm: {https://deepdreamgenerator. com}.

die Informationen bei Bedarf auch »auf dem Schirm« haben. Auch in der theoretischen Literatur ist die Apparate-Analogie überaus beliebt, so wird etwa das Unbewusste als »Wunschmaschine« (Gilles Deleuze und Félix Guattari) gedeutet. In dieselbe Richtung gehen die Aussagen des Historikers Yuval Noah Harari, wenn er über die Kunst schreibt, sie verdanke sich nicht eines verzückten Geistes oder einer metaphysischen Seele, sondern sei das Produkt »von organischen Algorithmen, die mathematische Muster erkennen«. Das Individuum vergleicht er mit »einem winzigen Chip in einem riesigen System«.[5]

***

Die Verquickungen von menschlichen und maschinellen Eigenheiten haben eine lange Vorgeschichte. Schon in der Antike kursierte die Vorstellung, dass die Welt letztlich aus nichts anderem als aus Zahlen bestehe und der Körper im Prinzip nur ein Apparat sei, dessen Mechaniken man ergründen müsse, um sie besser reparieren oder sogar umbauen zu können. Ähnlich strebte die Renaissance ins Universelle, wollte den Himmel ebenso erkunden wie das Erdinnere und suchte nach Analogien zwischen dem Leib der Welt und dem des Menschen. Für Leonardo da Vinci schien es überaus naheliegend, dass der Blutkreislauf seines Körpers

[5] Yuval Noah Harari, *Homo Deus. Eine Geschichte von Morgen*, München: C. H. Beck 2017, S. 438 und 521.

denselben Mustern folge wie der Wasserkreislauf der Erde. Und bei der Entwicklung seiner zahlreichen Maschinen, darunter Geräte zum Spinnen und Bohren, aber auch kampfroboterhafte Wunderwaffen, ließ er sich gerne von dem anregen, was er bei der Sezierung tierischer und menschlicher Körper hatte entdecken können. Ihm galt es selbstverständlich, nicht zwischen Mikro- und Makrokosmos zu unterscheiden, und also verstand er sich nicht allein als Naturwissenschaftler und Anatom, sondern ebenso als Maler und Dichter. Das Auge des Forschers war für ihn zugleich das Auge des Künstlers, und ob er nun zum Skalpell oder zum Pinsel griff, immer hoffte er auf Welterkenntnis.

Nicht zufällig wurde in jüngster Zeit vor allem Steve Jobs, der Mitgründer des Apple-Konzerns, mit Leonardo da Vinci verglichen und gleichgesetzt. Beide hätten verstanden, dass »Kunst eine Wissenschaft und dass Wissenschaft eine Kunst ist«.[6] Tatsächlich habe Jobs in Leonardo sein wichtigstes Vorbild erblickt, denn im Universalismus des Renaissance-Künstlers, in der Kreuzung von Technik und Kunst, liege auch das Geheimnis des Apple-Erfolgs begründet. Deshalb habe Jobs in der Frühphase des Konzerns auch nicht auf Fachleute gesetzt, sondern auf ein Team aus Musikern, Dichtern und Künstlern, aus Zoologen und Historikern, die alle wie nebenbei auch etwas von In-

---

6 Walter Isaacson, *Leonardo da Vinci: Die Biografie*, Berlin: Propyläen 2018.

formatik verstanden. Jobs war überzeugt, dass allein dieser Freigeisterei, über alle Unterschiede hinweg, die Zukunft gehören würde.

Auch der Google-Konzern hat immer wieder transdisziplinäre Projekte unterstützt, so 2016 eine Ausstellung unter dem Titel »DeepDream: The Art of Neural Networks«. Sie markierte zugleich »die Eröffnungsveranstaltung einer Zusammenarbeit, die wir bei Google zwischen Wissenschaftlern, Forschern, Ingenieuren, Künstlern und Denkern ins Leben rufen – wir nennen das ›Künstler und maschinelle Intelligenz‹.«[7] Hier sollte der Freigeist selbst als eine Art Computer gedacht werden.

»Den Geist als Maschine zu sehen war befreiend«, schreibt der Politikwissenschaftler Thomas Rid mit Blick auf die frühen Entwicklungen im Silicon Valley. »Wenn der Geist lediglich eine Art Maschine war, dann konnten Menschen ihn verstehen, steuern, justieren, reparieren und verbessern.«[8] Man musste nur die richtigen Hebel und Stellschrauben kennen, schon war das Geheimnis der Psyche und damit des Genies gelüftet.

***

---

[7] Zitiert nach Miller, *The Artist in the Machine*, S. 72.
[8] Thomas Rid, *Maschinendämmerung. Eine kurze Geschichte der Kybernetik*, Berlin: Propyläen 2016, S. 198.

Dem transdisziplinären Ansatz liegt ein Menschenbild zugrunde, das man in ähnlicher Form schon im 17. Jahrhundert findet, in jener Epoche, in der neuartige Vorstellungen von Zeit und Raum geprägt wurden und ein Begriff wie »Projekt« entstand, weil man die Zukunft nun als offen begriff, nicht vollständig determiniert von den Plänen Gottes. Dieser Machbarkeitsidee entsprach beispielsweise die Haltung René Descartes', der wie zuvor Leonardo zu dem Schluss gelangte, der Mensch sei eine Maschine, die Maschinen herstelle, und es gebe »keinen Unterschied zwischen den Maschinen, die die Handwerker fertigen, und den verschiedenen Körpern, die die Natur allein zusammensetzt«.[9] Und weil für alle dieselben Gesetze gelten würden, für die menschliche und die natürliche Schöpferkraft, seien alle gleichermaßen ausrechenbar und ließen sich, als Objekte der Neugier, verändern.

Anknüpfend an solche Denkfiguren entwickelten später viele Begründer der Computerforschung vergleichbare Vorstellungen, etwa der einflussreiche Mathematiker John von Neumann, der »einen Weg zum Verständnis des Nervensystems« suchte und in den fünfziger Jahren die These vertrat, man habe es bei diesem System »mit einer Rechenmaschine im eigentlichen Sinn zu tun«, weswegen es sinnvoll und erlaubt sei, die »in der Terminologie der in der Rechenmaschinentheorie

---

9 René Descartes, *Les Principes de la Philosophie*, IV/203, in: ders., *Œuvres*, herausgegeben von Charles Adam und Paul Tannery, Bd. IX/2, Paris: Léopold Cerf 1978, S. 321.

gebräuchlichen Begriffe« zu verwenden.¹⁰ Mit den sprachlichen Bildern etablierte sich rasch die Annahme – und oft wurde sie als unhinterfragbare Gewissheit begriffen –, auch die Denkvorgänge im menschlichen Gehirn folgten einer Maschinenlogik. So behauptete der Sektengründer L. Ron Hubbard, der sich viel mit Kybernetik und ihrer Regelungstechnik beschäftigt hatte: »Der analytische Verstand ist nicht nur ein guter, er ist ein perfekter Computer.«¹¹ Eine Auffassung, die sich bis in die jüngste Zeit gehalten hat: »Das Gehirn ist auch nur ein Computer wie jeder andere«, sagt Demis Hassabis, der das Unternehmen DeepMind Technologies mitbegründete und als Neurowissenschaftler für Google tätig ist. Und in den Worten von Arthur I. Miller: »Das Bewusstsein ist das Ergebnis einer Datenverarbeitung. Es funktioniert genau wie ein Computer. Es ist computational.«¹²

Ähnlich wurde auch das Universum oftmals als Maschine verstanden. Bei Johannes Keppler beispielsweise, der es darauf anlegte, »die Natur im Einklang mit Platons Vorstellung des durch Zahlen und Proportionen generierten Kosmos als ein mathematisch durchwirktes Gebilde zu verstehen, das von sich aus die Einheit von Mathematik, Kunst und Mechanik erforderte«,

---

10 John von Neumann, *Die Rechenmaschine und das Gehirn*, München: Oldenbourg 1991, S. 71 f.
11 L. Ron Hubbard, *Dianetik. Die moderne Wissenschaft der geistigen Gesundheit*. Genf: Ariston 1978, S. 58.
12 Miller, *The Artist in the Machine*, S. 296.

wie Horst Bredekamp schreibt.[13] Für den Computerpionier Konrad Zuse war es deshalb keineswegs fernliegend, gewissermaßen in der Nachfolge Kepplers vergleichbare Einheitsideen zu entfalten. So verfiel er 1945 auf den Gedanken, »den Kosmos als eine gigantische Rechenmaschine aufzufassen«.[14] Er prägte später den Begriff des »Rechnenden Raums«, also einer Wirklichkeit, die als gewaltiger Computer zu denken sei, weshalb sich alles mit allem verschließe und ein und denselben Ordnungsmustern gehorche: nämlich der Verarbeitung von Informationen. In einem solchen Weltbild, in dem Maschinen wie Lebewesen gleichermaßen Informationsverarbeitungsapparate darstellen, durchwirkt der Code das Prinzip des Lebens, das als vollauf programmierbar gilt. Selbst die »Seele ist nichts anderes als ein Programm, das auf einem Computer namens Gehirn abläuft«, glaubt der Astrophysiker Frank Tipler.[15] Und so ist in dieser Hinsicht der Traum von der kreativen Maschine kein Traum, und diskutiert wird nicht ob, sondern wann die technische Entwicklung so weit sein werde, dass Computer wie Künstler agieren.

Als Apple 1997 einen Neubeginn wagte, ließ das Unternehmen einen Werbefilm produzieren, der eine gan-

---

[13] Horst Bredekamp, *Antikensehnsucht und Maschinenglauben. Die Geschichte der Kunstkammer und die Zukunft der Kunstgeschichte*, Berlin: Wagenbach 2000, S. 41.

[14] Konrad Zuse, *Der Computer – Mein Lebenswerk*, Berlin: Springer 1984, S. 93.

[15] Frank Tipler, *The Physics of Immortality. Modern Cosmology, God and the Resurrection of the Dead*, New York: Anchor 1997, S. XI.

ze Phalanx von revolutionären Geistern auftreten ließ, darunter gleichermaßen Wissenschaftler wie Albert Einstein und Künstler wie John Lennon oder Pablo Picasso. Verbunden war damit die Botschaft, dass auch die Programmierer, die Apple-Schöpfer, zu ebendiesen Genies und Rebellen gehörten. Unterdessen ist es in der Computerbranche zum Topos geworden, dass Coding als künstlerischer Prozess begriffen werden könne. Entsprechend hat etwa Google in Zusammenarbeit mit dem Barbican Centre in London eigens Kunstaufträge an Developer vergeben, an Softwareentwickler, und prägt für deren Werke den Neologismus DevArt. Gleichgesetzt wird dabei die »Praxis des künstlerischen Software-Schaffens« mit dem Vorgang »des Kunst-Schaffens durch Software«. Und in den Beschreibungen hört es sich mitunter so an, als stehe ein Maler vor seiner Leinwand, bemüht, noch den feinsten Details den richtigen Ausdruck zu verleihen: »Der Künstler schreibt nicht einfach ein Programm und lässt es los. Der Künstler schreibt ein Stück Software und bastelt und verfeinert dann die Algorithmen über einen langen Zeitraum hinweg, wobei er die vom System erzeugten Bilder ständig beurteilt und auswertet.«[16]

Analog ist es in der Kunstwelt zu einer geläufigen Vorstellung geworden, in jenen Künstlern, die subver-

---

[16] Aaron Hertzmann, »Computers Do not Make Art, People Do«, in: *Communications of the ACM* 63/5 (2020), S. 45-48; online verfügbar unter: {https://m-cacm.acm.org/magazines/2020/5/244330-computers-do-not-make-art-people-do/fulltext?mobile=true}.

sive, gesellschaftlich kritische Projekte vorantreiben, einen Hacker zu erblicken und also einzelne Kunstaktionen als Cultural Hacking zu verstehen. Es werden sogar Workshops angeboten, um diese Art der künstlerischen Praxis im öffentlichen Raum zu popularisieren und zu demokratisieren. Denn: »Der Hacker ist der Held der nächsten Kunst.«[17] Eine Grenze zwischen analoger und digitaler Sphäre soll es für ihn nicht geben.

***

So sehnt sich nicht nur die Welt der Technik nach der Kunst, auch umgekehrt kennt die Kunst einen ausgeprägten Hang, das eigene Tun technisieren zu wollen. Die einen erhoffen sich andere, wirkmächtige Aktionsformen, andere sehnen sich danach, dank der Maschinen objektiv bestimmbare und damit allgemeinverbindliche Werke entstehen zu lassen. Er male, wie er male, sagte Andy Warhol in einem Interview, weil er »eine Maschine sein wolle«. Darüber hinaus sollten alle Menschen eine Maschine sein, denn nur so, in dieser geteilten Erfahrung der eigenen Maschinenhaftigkeit, könne eine neue Übereinkunft entstehen. Wie dem Kommunismus gehe es auch ihm, dem Künstler, darum, dass »jedermann gleich denkt«, doch eben nicht mit den

---

17 »Cultural Hacking. Diese Hacker wildern im öffentlichen Stadtraum«; online verfügbar unter: {https://www.kulturzentrum-faust.de/files/cultural_hacking.pdf}.

Mitteln der Politik, sondern dank einer ihrem Wesen nach maschinenartigen Kunst.[18]

Damit folgte Warhol einer Denkrichtung, die bereits im frühen 20. Jahrhundert zahlreiche Anhänger gefunden hatte. So polemisierten George Grosz und John Heartfield gegen die »Vergottung des Künstlers« und strebten nach einer ästhetischen Produktion, die ohne die bürgerlichen Vorstellungen von Kunst auskommen sollte. Dafür müsse aus dem Künstler ein Maschinist werden, denn dieser stehe »nie höher als sein Milieu und die Gesellschaft«. Und nur wenn Künstler selbst wie eine Maschine zu arbeiten begännen, könnten sie der Gesellschaft gerecht werden. »Denn sein kleiner Kopf produziert nicht den Inhalt seiner Schöpfungen, sondern verarbeitet (wie ein Wurstkessel Fleisch) das Weltbild seines Publikums.«[19] Das Motto der beiden Künstler: »Die Kunst ist tot / Es lebe die neue Maschinenkunst.«[20]

Bereits im »Futuristischen Manifest« von 1909 hatte

---

18 »Interview with Gene Swenson – Andy Warhol«; online verfügbar unter: {https://theoria.art-zoo.com/interview-with-gene-swenson-andy-warhol/}.
19 John Heartfield und George Grosz, »Der Kunstlump« [1919/20], wiederabgedruckt in: Uwe M. Schneede (Hg.), *Die Zwanziger Jahre. Manifeste und Dokumente deutscher Künstler*, Köln: Dumont 1979, S. 56.
20 Faltblatt für die Erste Internationale Dada-Messe Berlin – Kunstsalon Dr. Burchard 1920, Reprint in: Eberhard Roters (Hg.), *Stationen der Moderne. Kataloge epochaler Kunstausstellungen in Deutschland 1910-1962*, Köln: Walter König 1988, Bd. 4, Kat.-Nr. 90.

Filippo Tommaso Marinetti die Ästhetik der Maschinen gepriesen und sie als klassische Skulpturen dargestellt, so sei ein Rennwagen schöner als die Nike von Samothrake. Berauscht von der rasanten Schönheit der Technik, liebkosten die futuristischen Künstler ihre Autos, »ihre heißen Brüste«, und wären am liebsten eins mit ihnen geworden, wie sie überhaupt dazu aufriefen, die unvermeidliche Verschmelzung des Menschen mit dem Motor vorzubereiten.[21] Genau wie manche Gentechniker von heute träumten sie davon, der freie Wille des Individuums käme bald an sein Ende und das Subjekt würde sich auflösen in ein großes, evolutionäres Riesen-Ich.

1934 wurde diese Weltsicht gewissermaßen kanonisiert, als das Museum of Modern Art in New York unter dem Titel »Machine Art« eine Ausstellung zeigte, in der Industrieprodukte wie Schiffsschrauben oder ein Wasserkessel auf den Sockel gestellt wurden, um sie zu Kunstwerken zu adeln. Es entsprach dem Geist der Zeit, den technischen Fortschritt zu ästhetisieren und als höhere Form von Schöpfung, ja als bessere, weil objektive Kunst zu preisen. So schwärmte Oswald Spengler »für die prachtvoll klaren, hochintellektuellen Formen eines Schnelldampfers, eines Stahlwerks, einer Präzisionsmaschine, die Subtilität und Eleganz gewisser chemischer und optischer Verfahren«, für die

---

21 Anja Seifert, *Körper, Maschine, Tod: Zur symbolischen Artikulation in Kunst und Jugendkultur des 20. Jahrhunderts*, Wiesbaden: VS Verlag für Sozialwissenschaften 2004, S. 114.

er »den ganzen Stilplunder« seiner Gegenwart hingegeben hätte.²²

Marinetti übrigens sollte einige Jahre nach der Abfassung seines Manifests den italienischen Faschismus unterstützen, weil er darauf hoffte, unter einem Diktator Benito Mussolini würde die »Artekratie« ausgerufen und der Futurismus zur Staatskunst erhoben. Hingegen verfolgten andere Anhänger einer maschinengeprägten Ästhetik einen demokratischen Ansatz. Beispielsweise entwickelte Jean Tinguely am Ende der fünfziger Jahre etliche Malmaschinen aus Motoren und Blechschrott, die wahlweise Tachistisches und Informelles herstellen konnten. Mit diesen Maschinen zog Tinguely 1959 durch Paris und verteilte Handzettel, auf denen stand: »Befreien Sie sich, indem Sie Ihre Kunstwerke selbst schaffen, mit den Malmaschinen ›Meta-Matics‹ von Tinguely.«²³

***

Der Traum von der kreativen Maschine, der oft auch ein Traum vom maschinenhaften Künstler ist, wird von einer Freiheitsidee getragen, die unterschiedlich gedeutet werden kann. Zum einen als Befreiung vom Mythos des Genies und mithin als Überwindung des

22 Oswald Spengler, *Der Untergang des Abendlandes. Umrisse einer Morphologie der Weltgeschichte*, München: C.H. Beck 1997, S. 61.
23 Schirn Kunsthalle Frankfurt und Museum Tinguely Basel (Hg.), *Kunstmaschinen Maschinenkunst*, Ausstellungskatalog, Heidelberg 2007.

Individualismus. Zum anderen als Befreiung von der Bevormundung durch künstlerische Eliten und also vom herrschenden Regime und seinen Repräsentanten. Ein gewisser Hang zum Totalitarismus lässt sich bei beiden Deutungen kaum leugnen, das Glück des Einzelnen wird als Beglückung der Massen gedacht und Mündigkeit als das Produkt einer Gesellschaft, in der sich Technik und Kunst verbinden, um gemeinsam erziehend und behütend wirksam zu sein.

Im Silicon Valley folgen nicht wenige Großkonzerne, die zugleich wie Großmächte im globalen Weltgeschehen agieren, diesem Freiheitsideal. Ihre Maschinen begreifen sie durchaus im Sinne der MoMA-Ausstellung von 1934 als Kunstwerke, die bereits in ihrer Gestaltung sowohl die befreiende Idee der kreativen Maschine als auch ihren regulierenden und beschränkenden Charakter deutlich hervorheben.

Besonders anschaulich wird das im Produktdesign des Apple-Konzerns, dem es gelingt, der Technik mit ästhetischen Doppelcodierungen eine verheißungsvolle Form zu geben. Im Sinne der einstigen Avantgarden erreichen sie die Massen, ohne dabei als Insignien einer Homogenisierung wahrgenommen zu werden; im Gegenteil, sie gelten weiterhin als Inbegriff des Unangepassten und Progressiven.

Hatte das Design der Apple-Computer in den neunziger Jahren noch auf bauchige Formen gesetzt, die direkt der Flower-Power-Tradition zu entstammen schienen, begannen zeitgleich mit dem endgültigen Aus der Postmoderne am 11. September 2001 andere

Gestaltungsideale zu greifen. Sie verboten sich von nun an jeden Schnörkel und eine ungewohnte Strenge zog ein. Apple wurde und blieb kühl, klar und sachlich und der Apple-Chefdesigner Jonathan Ive machte keinen Hehl daraus, dass er sich für seine Entwürfe bei vielen Heroen des 20. Jahrhunderts bedient hatte, vor allem bei den Gestaltern der Firma Braun, bei Dieter Rams und dessen Kollegen. Diese wiederum waren geprägt vom Credo der Guten Form, von den Ideenwelten des Bauhauses in Weimar und Dessau und von der späteren Ulmer Schule. Es ist kein Zufall, dass der iPod von 2001 dem Braun Taschenradio T3 von 1958 zum Verwechseln ähnelt. Und es ist ebenfalls kein Zufall, dass Apple zusammen mit den Formen auch die damit verbundenen Gesellschaftsbilder aufzurufen versteht.

***

Das Bauhaus verstand sich als Überwinder der überkommenen Ordnung und prägte einen Kanon, der bauend und gestaltend auf einen neuen gesellschaftlichen Konsens hinwirken wollte, auf Gleichheit und Gerechtigkeit und Wohlstand für alle. Das 19. Jahrhundert, diese verwirrend pluralistische Zeit, in der Architekten und Künstler nicht mehr genau zu sagen wussten, in welchem Stil die Zukunft gestaltet werden sollte, weil ihnen eine Vorstellung dieser Zukunft fehlte, diese Zeit des stilistischen Durcheinanders wollte man im Bauhaus hinter sich lassen und ein Gegenangebot unterbreiten, das eine ungewohnte Klarheit versprach, gemeint als soziale Verbindlichkeit. Als das Bauhaus nach Dessau zog, strebte es nach einer Einheit von Kunst und Technik, und der aus Ungarn stammende Künstler László Moholy-Nagy, der oft im Dress eines Monteurs auftrat, verkündete: »Vor der Maschine ist jedermann gleich.«[24] Diese kenne keine Tradition und so könne aus Standardisierung und Serialisierung ein neuer Weltgeist erwachsen. Die normierende Macht der Produktion würde die Normen eines neuen Kollektivs erzeugen, so die verbreitete Überzeugung.

Zugleich war man sehr wohl von Gedankenfiguren des Historismus geleitet und glaubte in der Nachfolge Gottfried Sempers daran, dass jede Form, jedes Material, jedes Ding einen Wesenskern besitze, zu dem der Gestalter vordringen und dem er entsprechen müsse. Nur so würde sich die natürliche Ordnung wie von selbst ins Werk setzen, und das nicht allein für den Bereich des Designs und der Architektur, sondern für das Leben als solches. Mit seinem Eigentlichkeitsdenken strebte das Bauhaus nach zwingender Gewissheit und unterwarf im Zweifel auch das Ungewisse dem Verlangen nach Vereindeutigung. Nicht selten war Uniformität die Folge, und der liberale Geist des Bauhauses erwies sich im Kern als illiberal, jedenfalls gemessen an heutigen Liberalismus-Vorstellungen.

---

24 Zitiert nach Tobias Hoffmann, *Bauhausstil oder Konstruktivismus? Aufbruch der Moderne in den Zentren Berlin, Bauhaus, Hannover, Stuttgart, Frankfurt*, Köln: Wienand 2008, S. 67.

Die Vision eines besseren Lebens für alle – hell, geräumig, hygienisch einwandfrei – hatte für das Unorganisierte, sprich das historisch Gewachsene, wenig übrig. Alte Städte sollten weichen, Dessau zum Beispiel, das der Bauhäusler Ludwig Hilberseimer durch eine Riegel- und Kubenmetropole ersetzen wollte. So leicht und beweglich, transparent und entmaterialisiert die Ästhetik auch war, sie ging einher mit rigiden Eingriffen und einem erzieherischen Impetus. Selbst in den Wohnungen sollte so viel wie möglich festgelegt und durchnormiert werden, von der Deckenhöhe bis zur Garderobe. Als Ludwig Mies van der Rohe, zeitweise Direktor am Bauhaus, eine Villa für den Fabrikanten Tugendhat errichtete, hätte er die Sessel und Stühle am liebsten festgeschraubt. Schließlich wusste er am besten, wie man in seinem Haus zu wohnen habe. »Bauherren sind wie Kinder«, schrieb der Architekt. »Man darf sie nicht ernst nehmen.«[25]

Als doppelgesichtig erweist sich nun auch die Apple-Welt: Nicht in allen Aspekten folgt sie der Bauhaus-Programmatik, dennoch gibt es etliche Parallelen. So schaffte Apple den Experten-Computer ab und ersetzte die alte Unübersichtlichkeit, gewissermaßen das 19. Jahrhundert der Informationstechnik, durch das Ideal der Einfachheit. Komplexitätsreduktion war das Ziel, in der äußeren Form und ebenfalls im inneren

---

[25] Zitiert nach Gerhard Matzig, *Vorsicht, Baustelle! Vom Zauber der Kulisse und von der Verantwortung der Architekten*, Basel: Birkhäuser 2011, S. 146.

Aufbau, doch wurde diese Art der Entlastung und Klärung nicht selten als autoritär wahrgenommen, als Einschränkung, weil der Konzern sich als weithin geschlossenes System präsentierte. Auch hier ist vieles festgeschraubt und unverrückbar, und es zeigt sich die Kehrseite der Einfachheit: die Kontrolle.

***

Wie das Bauhaus ein Gesamtkunstwerk sein wollte, das eine zerrissene Gegenwart mit sich selbst versöhnt, tritt auch Apple in Erscheinung, nicht zuletzt mit seinem riesigen Hauptquartier in Cupertino, seit 2018 der offizielle Firmensitz. Hier zeigt sich, dass auch der Konzern auf Zeichen der Befriedung baut, entworfen vom Architekten Norman Foster.

Aus diesem Haus spricht der unbedingte Wille zur Perfektion, es ist ganz aus Glas, offen für alles – und ist doch in sich geschlossen, ein absolutistischer Ring, unveränderlich, ohne jede Möglichkeit der Ergänzung oder Erweiterung, es sei denn, man wollte die hermetische Kreisform sprengen. Zugleich liegt das Bauwerk eingebettet in die kalifornische Landschaft, und als wäre es ein selbstverständlicher Teil der Natur, wird es im offiziellen Firmenjargon als Apple Park bezeichnet. Das Innere des Kreises – und somit die symbolische Mitte eines auf symbolische Werte gegründeten Imperiums – dominiert kein menschliches Kunstwerk, auch kein Inbild des Digitalen. Vielmehr wachsen dort Bäume und eben sie geben dieses Inbild ab. Auch das ist kein Zufall, sondern gehört zur Apple-Ideologie: Erste und zweite Natur, Mensch und Technik, verbinden sich aufs Schönste. Das alldurchdringende Prinzip des Digitalen erscheint nahezu als kreatürlich.

Im Grunde wiederholt die Firmenzentrale im großen Maßstab das, was viele Computermodelle des Konzerns im Kleinen längst etabliert haben: Der würfelförmige Power Mac G4 oder die Mac-mini-Schachtel sind vollkommen auf ihre perfekte Gestalt reduziert, nichts weist mehr auf ihre Bestimmung und Funktion hin. Sie sind ganz Form, klar und überzeitlich. Es gibt an diesen Maschinen nicht mal einen erkennbaren Ein- und Ausschalter, so als müsste ein Apple-Gerät nicht mehr hoch- und runtergefahren werden, als sollte es einfach immer laufen, ein Wesen eigenen Rechts. Fast alle Apple-Produkte tragen eine Art Vornamen, ein kleines »i«, das man als Abkürzung für die Intelligenz oder die Internetfähigkeit verstehen kann. Es erinnert aber vor allem an das englische »I«, und damit erscheinen sie als Maschinen, die Ich sagen. Sie sprechen, hören, speichern, sie kennen so gut wie jedes Buch, jeden Musiktitel, sie wollen ein Apfel der Erkenntnis sein. Sie machen sich unverzichtbar und gehen mitunter deutlich über die Erziehungsabsichten des Bauhauses hinaus.

In Anspielung auf Descartes, der die Gemeinsamkeiten von Mensch und Maschine hervorhob, lautet ein älterer Apple-Werbeslogan: »I Think, therefore iMac«. Schon damit stellte der Konzern klar, dass seine Maschinen mehr sein sollten als Maschinen, der Slogan verhieß eine Daseinsform: Ich denke, also bin ich Apple, und bin ich Apple, dann denke ich.

***

Durch jüngere Produkte, vor allem durch die Armbanduhr des Konzerns, hat sich diese Nahbeziehung noch verstärkt. Die Uhr liegt dem Körper an, weist aber weit über ihn hinaus und zugleich tief in ihn hinein: Sie ist Kalender und Schreibmaschine, Tonbandgerät und Landkarte, Barometer und Portemonnaie, Fernsehfernbedienung und Computerspiel, vor allem aber achtet sie auf das Wohlbefinden ihrer Träger, misst ihre Herzfrequenz, weiß, ob sie sich regelmäßig und lang genug die Hände waschen, und ist selbst in den intimsten Moment zugegen, um die denkbar beste Lebensführung zu gewährleisten, etwa im Schlafzimmer. So heißt es auf den Apple-Seiten im Internet, die Uhr helfe ihren Trägern dabei, »genug Schlaf zu bekommen, pünktlich ins Bett zu gehen, eine Routine vor dem Schlafengehen zu entwickeln und ihre Schlafziele zu erreichen«. Noch die kleinsten Bewegungen werden durch den Beschleunigungssensor der Watch erkannt, so dass sie »die Atmung während des Schlafs« erkennt und genau weiß, wie viel Schlaf man jede Nacht bekommt.[26]

---

26 »WatchOS 7 erweitert die Apple Watch um wichtige Personalisierungs-, Gesundheits- und Fitnessfunktionen«, Pressemeldung vom 22. Juni 2020; online verfügbar unter: {https://www.apple.com/de/newsroom/2020/06/watchos-7-adds-significant-personalization-health-and-fitness-features-to-apple-watch/}.

Die Entfremdungserfahrung, die jeder Technik innewohnt, erst recht der digitalen, die nicht zu fassen ist, weil ihre Datenströme unsichtbar um die Welt ziehen, ohne dass man ihre Geschwindigkeit und Konsistenz auch nur ahnte, diese Erfahrung der Distanz wird mit einer Technik, die sich auf sorgende Belagerung versteht, aufgefangen und beruhigt. Wer die Apple Watch umbindet, bindet sich nicht allein an das Gerät, sondern an einen Konzern, der Entbindung verspricht von allem, was mühsam sein könnte, und Einbindung in eine Community von Gleichgesinnten. Den gesellschaftlichen Atomisierungserscheinungen, die sich in der Digitalmoderne verstärken, setzt so das Bündnis aus Technik, Natur und Kunst, verstanden als glückende Form von Leben, ihre Idee von Freiheit und Sicherheit entgegen. »Die fordernde ist immer zugleich eine fürsorgliche Maschine, wenn sie dem Subjekt unterworfen scheint und das Subjekt unterwirft.«[27]

***

Diese Idee ist auch keineswegs auf Internetkonzerne im engeren Sinne beschränkt. Insbesondere im Smart Home gewinnt sie eine überaus populäre Gestalt, und die Ideale der Bauhaus-Moderne lassen sich hier, in einer von Reglern, Tasten und Sensoren gesteuerten Wohnlichkeit, ebenfalls wiedererkennen. Auch Le Corbusier hatte eine Rationalisierung der Architektur im

---

27 Metz/Seeßlen, *Schnittstelle Körper*, S. 19.

Sinn, als er 1921 verlangte, das Haus sollte als Wohnmaschine begriffen werden. Doch erst jetzt, gewissermaßen als bewohnbarer Computer, erreicht diese Vision den Massenmarkt – und in dem innigen Verhältnis von Mensch und Technik, das hier gelebt werden kann, wächst das Zutrauen, entsteht eine Beziehung auf Gegenseitigkeit.

Martin Heidegger leitete die tiefere Idee des Wohnens 1951 aus der Sprache ab und glaubte, dass es vor allem »bleiben« bedeute. Im gotischen »wunian« zeige sich deutlich, wie dieses Bleiben erfahren werde: »Wunian heißt: zufrieden sein, zum Frieden gebracht, in ihm bleiben.«[28] Und ebendas, die Befriedung der Gegensätze, verspricht das digital verdrahtete Smart Home, weil es nicht als Objekt auftritt, von dem die Makler gerne sprechen, sondern als autonom-automatisches Subjekt.

Der Designer und Entwickler Tony Fadell nennt es denn auch ein »conscious home«, ein Heim mit Bewusstsein. Fadell arbeitete zunächst für Apple und gilt als Vater des iPod, später wechselte er in die Google-Welt und gilt seither als einer der Pioniere der Mensch-Maschine-Harmonie. In seinen Augen übernimmt das digital aufgerüstete Haus die Rolle eines guten Freundes, und dieser Freund sei zugleich ein Trainer, der auf die Gesundheit und Ernährung achtet. Also unterbreite die von Google installierte Technik den Bewoh-

---

28 Martin Heidegger, »Bauen Wohnen Denken«, in: ders., *Vorträge und Aufsätze*, Pfullingen: Günther Neske 1978, S. 139-156, hier S. 143.

nern ermunternde Vorschläge, sagt Fadell: »Wir helfen Ihnen, Dinge zu tun, die Sie tun wollen. Wir wissen, was Sie in Ihrer Wohnung gemacht haben und können Ihnen Anregungen geben: ›Hey, hier ist ein besserer Weg zu sparen‹, oder ›Es geht Ihnen heute wirklich gut‹, oder ›Im Vergleich zu Ihren Nachbarn wollen Sie sich vielleicht verbessern‹.«[29]

Damit wird die symbolische Ordnung der Dinge dynamisiert: Das Bleibende und das Behütende als zentrale Dimensionen des Wohnens werden abgelöst durch Erfahrungen der technischen Funktionalisierung und Optimierung, Erfahrungen, die von den Dingen übergreifen auf den Wohnenden. Die Vermessung der sozialen Welt kommt hier nicht durch die Hinter-, sondern durch die Vordertür, und unverhohlen will sie die alten Ziele der behavioristischen Utopie auf den technisch neuesten Stand bringen. Wie Fadell darlegt, kennen die Dinge nun, im Zeitalter des UbiComps, des ubiquitären Computings, nicht nur den je einzelnen Menschen, sie kennen ebenso die anderen Dinge, die wiederum einzelne Menschen kennen, so dass sich das Wohnen öffnet, aus der Vereinzelung hinausführt und sich sozialisiert. Auch damit erfüllt sich die Wunschvorstellung einer Moderne, die in ihrer Architektur auf möglichst große Transparenz aus war und das Private

---

29 Oliver Wainwright, »Just how Artificially Intelligent Should Our Homes Be?«, in: *The Star* (3. Juli 2014); online verfügbar unter: {https://www.thestar.com.my/lifestyle/features/2014/07/03/just-how-artificially-intelligent-should-our-homes-be/}.

ins Öffentliche weiten wollte. Das Smart Home verstärkt dieses Ineinander noch, weil es von der Smart City und erst recht von der Smart World, der unsichtbaren, omnipräsenten Datenwelt, nicht prinzipiell zu unterscheiden ist. Der Mensch ist nun zuhause, wenn er unterwegs ist (denn per App weiß er immer, was dort gerade vor sich geht). Und wenn er daheim ist, ist er zugleich im Büro (denn seine Arbeit wandert im Laptop mit auf die Couch). Alles rückt zusammen, Ferne und Nähe, Technik und Gemüt, der Mensch lebt im Haus, und es lebt in ihm.

***

Diese Engführung verdankt sich zu guten Teilen dem Willen zur Einbildung, und die Kunst ist das Feld, auf dem sich dieser Wille besonders markant ausprägen konnte. In den Wolken oben am blauen Himmel ein Bild zu erkennen, das einem Drachen ähnelt, oder in der Felsformation eines hohen Bergs das Gesicht eines alten Mannes auszumachen, dieses menschliche Talent, in die Erscheinungsformen der Natur etwas hineinlesen zu können und sie auf diese Weise als vertraut und eigen wahrzunehmen, macht auch vor den Maschinen und ihrem Aussehen nicht halt. Deswegen setzen Autodesigner bewusst darauf, etwa Scheinwerfer als aggressiv grimmige oder auch unschuldig kugelige Augen zu entwerfen. Selbst gänzlich abstrakte Technik, die weitgehend ohne Gestalt auskommt, wird oft anthropomorph gedeutet, und vor allem Science-Fiction bedient die Neigung, auch das Immaterielle aufzuladen und mit Sinn auszustatten.

Ohnehin scheint die Bereitschaft hoch zu sein, sich einer künstlichen Intelligenz anzuvertrauen und sich ihren Technopaternalismus gefallen zu lassen. Man hält sie für besonders effizient und glaubt, sie träfe besonders objektive Entscheidungen, obwohl ihre Algorithmen von den subjektiven Prägungen der Programmierer abhängen. Menschen lassen sich vom Navigationsprogramm ihres Autos auf Umwege lenken, obwohl sie den kürzeren Weg eigentlich kennen. Sie stellen sich eine Alexa oder ähnliche Lausch- und Sprechgeräte in die Wohnung, damit immer jemand da ist, der sie hört; dass daraus ein Abhören durch Dritte werden könnte, wie nachweislich geschehen, scheint sie nicht zu bekümmern, weil die Maschine zwar anwesend, ihr Inneres aber von einer Art Abwesenheit gefüllt zu sein scheint, leiblos wie ein höherer Geist.

Vielleicht sind manche Menschen just deshalb, weil das digitale Gegenüber meist das Ferne und Fremde verkörpert, selbst zu absurdesten Handlungen bereit, wie sich in psychologischen Experimenten gezeigt hat: So waren Probanden von einem Roboter in ein Wohnzimmer geführt worden, dort sollten sie warten, bis der Gastgeber käme. Inzwischen wurden sie vom Roboter aufgefordert, sich in den Computer des Gastgebers mit dessen Passwort einzuloggen oder eine Topfpflanze mit Saft zu gießen; die meisten Testpersonen folgten der Aufforderung bereitwillig und offenbar, ohne den Sinn und Unsinn ihrer Handlungen zu hinterfragen.[30]

Bereits 1966 hatte der Informatiker Joseph Weizenbaum ein Computerprogramm namens Eliza entwickelt, das mit äußerst simplen Mitteln in der Lage war, einen Psychotherapeuten zu simulieren. Viele Patienten, die sich mit Eliza austauschten, bescheinigten ihr menschliches Einfühlungsvermögen und wähnten sich von ihr auch dann noch gut verstanden, als sie erfuhren, dass es sich um eine Maschine handelte.[31] Bis heute orientieren sich Programmierer von Chatbots am sogenannten Eliza-Effekt. Psychologen sprechen vom Overtrust-Phänomen.

***

Auch in der Wahrnehmung von Kunstwerken lässt sich dieses Phänomen beobachten, wie 2020 eine Studie zeigte. Das Massachusetts Institute of Technology hatte zusammen mit dem Max-Planck-Institut für Bil-

---

[30] Maha Salem, Gabriella Lakatos, Farshid Amirabdollahian und Kerstin Dautenhahn, »Would You Trust a (Faulty) Robot? Effects of Error, Task Type and Personality on Human-Robot Cooperation and Trust«, Conference Paper, März 2015; online verfügbar unter: {https://www.researchgate.net/publication/273762163_Would_You_Trust_a_Faulty_Robot_Effects_of_Error_Task_Type_and_Personality_on_Human-Robot_Cooperation_and_Trust}.

[31] Joseph Weizenbaum, »Computational Linguistics«, in: *Communications of the ACM* 9/1 (1966), S. 36-45; online verfügbar unter: {https://cse.buffalo.edu/~rapaport/572/S02/weizenbaum.eliza.1966.pdf}.

dungsforschung rund 600 Personen befragt, wie sie die Urheberschaft des *Portrait of Edmond de Belamy* beurteilten (vgl. oben S. 49), ob es eher als die Leistung einer künstlichen Intelligenz oder der Künstlergruppe Obvious gelten sollte, die bei der Versteigerung des Werks am Ende das Geld bekam. Vor allem die Art und Weise, wie über die Technik gesprochen wurde, entschied über die Auffassungen der Befragten: Je menschlicher die Maschine in den Beschreibungen charakterisiert wurde, desto eher waren die Testpersonen bereit, in ihr den eigentlichen Künstler zu erblicken und ihr die Verantwortung für das Werk zuzugestehen. Man könne »aktiv manipulieren«, so die Schlussfolgerung der Studie, ob künstliche Intelligenz als etwas Menschliches betrachtet wird, entscheidend sei für diese Einschätzung das jeweilige Narrativ.[32]

Schon aus diesen naheliegenden Gründen produziert eine Kunstmaschine nicht nur Kunst, sie produziert und propagiert auch ein Selbstbild, das anthropomorphe Züge trägt. Solange es als genuin menschlich gilt, Musik zu komponieren, Gemälde zu malen, Theater zu spielen, suggeriert allein die Rede von kunstbe-

---

32 »Wenn künstliche Intelligenz Kunst schafft«, Max-Planck-Gesellschaft (29. September 2020); online verfügbar unter: {https://www.mpg.de/15453902/0929-bild-134137-kuenstliche-intelligenz-in-der-kunst-einfaches-werkzeug-oder-kreatives-genie}, sowie Ziv Epstein, Sydney Levine, David G. Rand und Iyad Rahwan, »Who Gets Credit for AI-Generated Art?«, in: *iScience* 23/9 (2020); online verfügbar unter: {https://www.cell.com/iscience/pdf/S2589-0042(20)30707-0.pdf}.

fähigten Algorithmen, dass auch sie und nicht nur der Mensch als »animal symbolicum« (Ernst Cassirer) wahrgenommen werden sollten.

Das Projekt einer künstlichen Kunst kann also von der wachsenden Vertrauensbereitschaft, dem Phänomen des Overtrust, das mit der allgemeinen Digitalisierung und dem Internet der Dinge an Bedeutung gewinnt, nur profitieren. Es begünstigt eine von technischen Mitteln geprägte Ästhetik sowohl in der Produktion wie in der Rezeption. Selbst ausgewiesene Skeptiker räumen ein, dass vor allem die Frage der Wahrnehmung darüber entscheiden wird, welchen künstlerischen Rang den Computerkünstlern am Ende zugemessen werden wird. »Es ist durchaus möglich, dass wir künstlich intelligente Maschinen als uns so weit überlegen ansehen, dass wir ihnen ganz selbstverständlich Kreativität zuschreiben«, schreibt der Philosoph Sean Dorrance Kelly. »Sollte das passieren, dann nicht, weil die Maschinen uns überholt haben. Es wird so sein, weil wir uns selbst erniedrigt haben werden.«[33]

Für die mit Computerspielen und ihren hyperrealistischen Abenteuern aufgewachsenen Generationen ist es ohnehin selbstverständlich, sich auf eine Realität jenseits des Realen einzulassen. Doch auch in Museen verbreitet sich eine Kunst, die darauf baut, dass sich das Publikum von den üblichen Wahrnehmungsmustern

---

33 Sean Dorrance Kelly, »A Philosopher Argues that an AI Can't Be an Artist«, in: *MIT Technology Review* (21. Februar 2019); online verfügbar unter: {https://www.technologyreview.com/2019/02/21/239489/a-philosopher-argues-that-an-ai-can-never-be-an-artist/}.

löst und die Distanz zur Technik auf ähnliche Weise minimiert, wie es im Apple-Universum oder im Smart Home üblich ist. In gewisser Weise greift auch hier der Eliza-Effekt, denn das Publikum soll und will sich auf eine totale Erfahrung einlassen und gibt die üblichen Formen der Selbstkontrolle auf. Das gilt beispielsweise für Kunstproduktionen, die über VR-Brillen vermittelt werden und darauf abzielen, den Anschein einer virtuellen Welt so weit zu treiben, dass selbst die eigene Körperlichkeit der Betrachter – die hier keine Betrachter im herkömmlichen Sinne mehr sind – zu entschwinden scheint.

***

Wird das klassische Tafelbild oft mit einem Fenster in ferne Welten verglichen – mal sind es innere, mal äußere –, weitet die Virtual-Reality-Kunst das Fenster zur Panoramascheibe, die so groß ist, dass sie kaum mehr als Scheibe wahrgenommen wird. Beim Blick hindurch gleitet man unwillkürlich hinüber ins Virtuelle und erfährt, wie sich die bislang gewohnten Kategorien der ästhetischen Erfahrung verschieben. Eine bildgenerierende Maske über den Augen, auf den Ohren schalldichte Kopfhörer, entgleitet der Mensch in eine Sphäre, in der es keine Illusionen gibt, weil jeder Schein als Wirklichkeit auftritt. Hier haben sich Kunst und Technik digital verschworen und treten mit einer ungewohnten Wirkmacht auf.

Zwar ist dieses Verlangen der Künstler, eine Welt in

der Welt zu erschaffen, keineswegs neu, man denke nur an den von Klängen und Tönen verstärkten Illusionismus der beliebten Panoramen im 19. Jahrhundert oder an die Bildtafeln Claude Monets, der auf seine Weise eine virtuelle Wirklichkeit auf die Leinwand brachte, als er Seerosengemälde so sehr in die Breite zog, bis für die davorstehenden Betrachter kein Rahmen links, kein Rahmen rechts mehr zu erkennen war. Doch wird dieser Entrahmungseffekt mit den Datenbrillen sehr viel einfacher, und anders als im Theater, Kino oder Museum, wo die Suggestion nie perfekt ist, weil die Bühne oder die Wände sichtbar bleiben, geht der Mensch hier, virtuell und brillenblind, in den Bildern auf.

Fast ist es, als habe die Kunst allein auf ihn, den Einzelnen, gewartet. Die Bilder kennen ihn, sie wissen, dass er gerade den Kopf wendet, dass er sich vorbeugt oder einen Schritt rückwärts macht, und manchmal scheinen sie seine Bewegung vorwegzunehmen. Dank Datentechnik verschwimmt die Grenze: zwischen dem Objekt der Kunst und dem Subjekt, das den Einzelnen als ihr Ich bekannt war.

Dieses halb diffundierte Ego, vulgo dieser Betrachter, rechnet mit eigentlich allem und ist deshalb nicht sonderlich überrascht, dass sich mitten in einem europäischen Ausstellungshaus eine sandige Wüste auftut, die es zu durchstreifen gilt. Die Künstler Melodie Mousset und Naem Baron haben sie so gestaltet, dass die Betrachter sie zum Leben erwecken können, weil sie eine Fernsteuerung in der Hand halten und per Tastendruck ein Geräusch ertönt, als zerrisse ein großes Betttuch, und sich alsdann aus dem Sand eine Faust emporschiebt, die sich zur offenen Hand entfaltet wie eine Blüte.

Im Digitalraum der Kunst, unter den Bedingungen einer gut abgedichteten Absolutheit, muss kein Wunsch unerfüllt bleiben, es sei denn, es wünschte sich jemand eine »Partizipationspause« (Lambert Wiesing). Hier kann der Mensch fliegen oder sich in einen Wurm verwandeln, kann Feuer speien oder selbst zum Feuer werden. Es ist eine Befreiung von Schwerkraft und Logik. Selbst der eigene Körper kann eine andere Hautfarbe, ein anderes Geschlecht erlangen oder bei Bedarf als Giraffenleib in Erscheinung treten, auch wenn die Technik meistens noch nicht so ausgereift ist, wie sie es gerne wäre.

Das Versprechen dieser virtuellen Kunst ist gleichwohl überdeutlich: Sie will nicht nur durchwandert, sie will verwandelt werden und also aus dem Betrachter einen Schöpfer machen, einen Künstler in der Kunst und damit in diesem Fall: in der Maschine. Allerdings werden sie hier stets an der kurzen Datenleine geführt, die Brille muss mit Simulationen gespeist werden, muss also verkabelt sein, und so kann sich der Mensch nicht so frei bewegen, wie er will – und zumindest das beschränkt die gewünschte Erfahrung der Immersion.

***

Immersion, diesem überaus populären Begriff haben sich zahlreiche Künstler der Gegenwart verschrieben, die bevorzugt zu digitalen Techniken greifen und sich auf Algorithmen verlassen, ohne dass damit die Maschine zwingend zur Urheberin der Kunst geworden wäre. Doch der Anschein, die Bilder würden sich selbst generieren, ohne sich selbst zu genügen, weil sie stets mit elizahafter Sensibilität auf den Menschen reagieren, dieser Anschein wird geweckt und damit der Traum von einer kreativen Maschine nicht nur geträumt, sondern selbst in den Status der Kunst erhoben.

Als besonders populär haben sich jene Inszenierungen erwiesen, die ohne abkapselnde Brillen und Kopfhörer auskommen, weil sie den realen Raum in Gänze in eine Projektionsfläche verwandeln, die sich betreten und körperlich erspüren lässt. Auch hierfür gibt es in der Kunstgeschichte etliche Vorläufer, etwa den Merzbau von Kurt Schwitters in den zwanziger Jahren oder die kinetisch-bewegten Rauminstallationen, die Otto Piene als Mitglied der Zero-Gruppe in den fünfziger Jahren entwickelte. Die digitale Technik radikalisiert diese Erfahrungswelten, indem sie die Körperlichkeit der Kunst fast gänzlich zum Verschwinden bringt. Hier stürzt sich das Publikum in Wasserfälle aus buntem Licht, darf durch wogend-virtuelle Blumenfelder streifen oder schwebt gemeinsam mit Abertausend glühenden Ballons durch eine schier endlose Weite. Anders als in der wirklichen Welt, wo alle auf ihre Displays starren, gemeinsam vereinzelt, werden die Einzelnen hier aufgehoben in einer vereinenden Erfahrung: als wäre man kollektiv durch den Bildschirm gestürzt und befände sich gewissermaßen auf dessen Kehrseite, in einer Sphäre, in der alles real und zugleich irreal wirkt, auf künstliche Weise unmittelbar.

Mit solchen Installationen gelang es der japanischen Künstlergruppe teamLab in Tokio, ein größeres Publikum anzuziehen als jedes vergleichbare Museum weltweit, weshalb Ende der 2010er Jahre gleich mehrere Dependancen geplant wurden, in Europa ebenso wie in den USA. Auch der Kunstmarkt zeigte sich aufgeschlossen für diese Art der Maschine-Mensch-Interaktion und war dafür bereit, vom klassischen Geschäftsmodell abzuweichen. So hatte die einflussreiche Pace Gallery in New York bislang ihr Geld wie branchenüblich mit Einzelwerken verdient, ihre Kunden waren Sammler, also in der Regel Kunstkenner. Ganz anders hingegen agiert die Galerie in einer Filiale in Miami, die der Immersion gewidmet ist. Unter dem Namen Superblue, einer Anspielung auf die Künstlergruppe Blauer Reiter, will sie das breite Publikum erreichen und folgt den Usancen der sogenannten Erfahrungsindustrie, die nicht Bilder oder Skulpturen, sondern einprägsame Erinnerungen verkauft, in diesem Fall für ein Eintrittsgeld von vierzig Dollar.

Wollte die Kunst in der Moderne mehr sein als die Erlebniskulisse, die sie an den Höfen der Macht bevorzugt abgegeben hatte, verliert sich in den Räumen der Immersion jenes komplexe Wechselspiel aus Nähe und Distanz, wie es sich in der bürgerlichen Rezeption seit dem späten 18. Jahrhundert entwickelt hatte. Kunst war hier das Abgerückte, eine Wirklichkeit zweiter Ordnung, und es stand den Betrachtern frei, sich ihr hinzugeben oder Abstand zu wahren. Es stand ihnen frei, sich auf ein bewusstes Sehen, ein aktives Hören, ein reflektierendes Empfinden einzulassen und sich damit selbst als abgerückt vom eigenen Alltags-Ich wahrzunehmen. »Nur wenn auf ein Bild geschaut wird, kann der Mensch etwas sehen, bei dem er selbst nicht leiblich dabei ist«, schreibt der Philosoph Lambert Wiesing. »Dem Subjekt einer Wahrnehmung widerfährt in den Momenten der Bildbetrachtung eine Zumutung weniger als sonst: Es braucht nicht selbst ein sichtbarer Teil in der gesehenen Welt zu sein.«[34] Und diese Wahrnehmung, schreibt Dirk Baecker, könne erst recht in einem Moment wichtig und zum Thema werden, »in dem die Maschinen motorisch und sensorisch aufrüsten und man nicht nur wissen will, wie das geht, sondern man umgekehrt entdeckt, welche Artifizialität, künstliche Selbstherstellung, bereits im Menschen steckt«.[35]

Die Anhänger der Immersion wollen hingegen von der »urteilenden Distanz« auf »unmittelbares Erleben« umstellen, wie es 2018 in einem Erklärtext zur Berliner Ausstellung »Welt ohne Außen« hieß; das Projekt der Aufklärung sei an seine Grenzen gestoßen und ein nichtwestlicher Umgang mit Kunst solle nun erprobt

---

34 Lambert Wiesing, *Sehen lassen. Die Praxis des Zeigens*, Berlin: Suhrkamp 2013, S. 91.
35 Baecker, *4.0 oder Die Lücke die der Rechner lässt*, S. 130.

werden.[36] Oft wird »Immersion als Synonym für Inklusion« (Jennifer Beck) verstanden, so dass schon in dieser Hinsicht die neue Technik mehr bietet als nur eine besonders aufwändige Spielart der Unterhaltungsbranche. Auch viele Museen streben ja die Inklusion an, wollen keine Orte der Differenz und Aussonderung mehr sein, sondern verschreiben sich dem gesellschaftlichen Ideal der Egalität. Eine Kunstform, die die Grenzen ihrer selbst auszublenden versteht, die einladend und einschließend einen totalen Anspruch auf Integration formuliert, kommt diesem Ideal entgegen.

***

Viele immersive Installationen wollen die Trennung zwischen Eigen- und Fremdwelt überwinden. Wobei es keineswegs darum geht, das Individuum auszulöschen oder auch nur zu überwältigen. Das hebt die Immersion ab von der Idee der Erhabenheit, einem Konzept der klassischen Ästhetik, das die Einzelnen gern als klein und erschütterungsbedürftig verstand. Die Immersion der kunstvollen Maschinen zielt eher auf partizipativen Einklang. Wer beispielsweise den vollverspiegelten Raum der Gruppe Marshmallow Laser Feast betritt, wird schier unweigerlich hineingezogen in einen Wirbel aus dahinschießenden Lichtpunkten,

---

36 Zitiert nach Peter Geimer, »Der Trend zum Bildersturm«, in: *Frankfurter Allgemeine Zeitung* (23. Juli 2018); online verfügbar unter: {https://www.faz.net/aktuell/feuilleton/kunst/was-soll-der-trend-zur-immersion-in-der-kunst-15701142.html}.

und als wäre er selbst ein Sternchen unter Sternen, meint er hinauszutreiben ins dunkle Nichts des Universums, das, wild und immer wilder, von einem schwarzen Loch verschluckt zu werden droht. Hier gehe es darum, »die kosmische Verbindung zwischen Schwarzen Löchern, sterbenden Sternen und unserer eigenen Existenz« zu verstehen, heißt es im Begleittext der kosmischen Installation, und so ist der Besucher nicht bloß Rezipient, er wird auch als Produzent gefordert.[37]

Das Kreativitätsgebot der Digitalmoderne steht hier nicht im Gegensatz zu den Absolutheits- und Kontrollansprüchen der Technik, sondern verbindet sich zu einer belebenden Erfahrung, die vermeintliche Gegensätze aufhebt und das individuelle Wollen in einem kollektiven Werden verschwinden lässt. Wo das Simulierte und das Simulierende, das Analoge und Digitale nicht mehr zu trennen sind, darf der erfahrene Kontrollverlust als Bereicherung verstanden werden.

Mal sind es die Bewegungen des Einzelnen, die einen Schwarm von Lichtpünktchen lenken, mal sind es Geräusche des Publikums, sind es Raumtemperatur oder auch der CO_2-Gehalt der Luft in der jeweiligen Ausstellungshalle, die von den Messinstrumenten einer künstlichen Intelligenz registriert werden und die Gestalt des Kunstwerks modulieren. Neben der Schönheit des Unumgänglichen ist es diese Illusion der Konvergenz, eines spätestens seit der Romantik herbeigesehn-

---

[37] Der Begleittext »Distortions in Spacetime« ist online verfügbar unter: {https://nxtmuseum.com/artist/distortions-in-spacetime/}.

ten Einvernehmens von Mensch, Natur und Technik, die den Reiz der Immersion begründet.

Wenn sich potenziell alles ins Ununterscheidbare auflöst, ist auch die Kunst nichts, was nur äußerlich wäre. Die Besucher sind ihr eingebundener Bestandteil und werden also von dem Gefühl getragen, dass ihr gemeinschaftliches Staunen über das, was sie sehen und erfahren, auch ein Staunen über sich selbst ist. Aber nicht nur das; die Schöpfung, an der sie hier mitwirken, scheint zurückzustaunen, so als wäre alles mit allem in ausgeprägter Resonanz verbunden. Falls es stimmt, dass das »Weltverstummen« die Grundangst der Moderne ausmacht, wie der Soziologe Hartmut Rosa schreibt, dann möchte die Immersion den dringend benötigten Raum öffnen, um dieser Angst beizukommen. Die »distanzierend-aggressive Weltbeziehung« weicht hier einer neuen Einvernehmlichkeit, die deutlich über die Kunst hinausweist und allumfänglich verstanden werden möchte.[38]

***

Selbst jene Künstler, die in der Kunst im traditionellen, nun fast abgelegten Sinne auch einen Reflexionsraum erblicken wollen, werden leicht hineingesogen in den Gleichklang der Impulse. Beispielsweise will Heleen Blanken mit einer grottenförmigen Inszenierung namens *Habitat* an das Artensterben erinnern. Sie hat da-

---

38 Hartmut Rosa, *Unverfügbarkeit*, Wien: Residenz 2019, S. 34.

für zusammen mit dem Programmierer NAIVI einzelne Objekte aus den naturkundlichen Sammlungen des Naturalis-Museums in Leiden eingescannt. Doch in den dahinwogenden Bildern und Klängen erscheint es so, als wäre die Evolution ein sich frei ergießender, unaufhaltsamer Strom, und so entfaltet die Installation eine ähnlich hypnotisierende Wirkung wie ein sich ewig neu modulierender Bildschirmschoner.

Zwar lässt sich auch diese Riesenprojektion durch den anwesenden Menschen mitformen, versteckte Sensoren im Raum lenken fast unmerklich den Bilderstrom. Es ist aber, als steuere eher etwas Steuerloses die Installation und mithin sei das hier thematisierte Artensterben entweder unabwendbar oder nebensächlich angesichts der suggestiven Schönheit dieser Kunst. Ihre harmonisierende Unterströmung ist nicht zu leugnen; die Installation solle den Menschen mit dem »Wunder der Natur neu verbinden«, heißt es in einem Begleittext.[39]

Eine nicht minder große Faszination entfaltet die Videoinstallation *Mosaic Virus* der Künstlerin Anna Ridler, die auf die Tulpenmanie des 17. Jahrhunderts ebenso anspielt wie auf die wahnhaften Steigerungseffekte, die eine künstliche Währung wie Bitcoin zu entwickeln vermag. Ein Algorithmus, gespeist mit Tausenden von Blumenfotos der Künstlerin, entwirft immer neue Blütenmuster, die auf Bildschirmen präsentierten Pflanzen wandeln ihre Farben und Formen, und zwar in Ab-

---

[39] Der Begleittext ist online verfügbar unter: {https://ars.electronica.art/keplersgardens/de/habitat/}.

hängigkeit zu den jeweiligen Kursen an den Bitcoin-Märkten. Hier entsteht eine anziehende Nähe zwischen der künstlichen Natur der mit großem Aufwand und einem entschiedenen Willen zur übersteigerten Eigentümlichkeit gezüchteten Tulpen einerseits und andererseits der nichtbiologischen Künstlichkeit des neuronalen Netzwerks, das hier wie ein Botaniker zu agieren scheint: als gezüchteter Züchter, der züchtet. In beiden Fällen spiegelt sich die Schönheit in ihrem materiellen Wert, der allerdings im Falle der künstlichen Intelligenz immateriell bleibt, handelt es sich doch bei Bitcoin – wie bei der Schönheit selbst – um eine nichtgreifbare Entität. Das Spiel mit abstrakten und realen Bildern, das wie von selbst abzulaufen und einer höheren, nichtpräsenten Macht zu gehorchen scheint, ebendem Markt, vereint zwei an sich gegenläufige Prinzipien und erinnert damit an die Installation von Heleen Blanken.

Aber so reflektiert und anspielungsreich diese Kunst auch gemeint sein mag, sie ist ihrer eigenen Begeisterung für die Möglichkeiten der Manipulation verfallen, seien sie organischer oder anorganischer Art. Von dort aus ist es dann nur noch ein kleiner, kaum wahrnehmbarer Schritt zu jenen Robotern mit menschlicher Gestalt, wie sie etwa von der Firma Hanson Robotics produziert werden. Ein Android namens Sophia, entworfen nach dem Vorbild der Schauspielerin Audrey Hepburn, stellt Augenkontakt zu Menschen her, verfügt über ein detailreiches Minenspiel und kann bei Bedarf in Talkshows auftreten und sogar Witze erzählen. Ihre Schönheit ist von der schönen Tulpenzucht allenfalls graduell zu unterscheiden: Beide spielen mit dem Phänomen des *uncanny valley*, jenem Gefühl des faszinierend Unheimlichen, das oft entsteht, wenn Mensch und Maschine nicht mehr auseinanderzuhalten sind. Das Tote wirkt lebendig, das Lebende wie tot, eine ungemütliche Simulation, die gleichwohl die Aufmerksamkeit bindet.

Auch eine Kunst, die dezidiert als Kritik an der künstlichen Intelligenz und an den Macht- und Geldinteressen der Big-Tech-Konzerne auftritt, vermag sich nur mühsam durchzusetzen. Denn eine perfektere Assimilation und Integration der Kritik kann es kaum geben als in einem solchen Fall, in dem eine künstliche Intelligenz selbst Kunst produziert, mithin ihr eigenes Kunstwerk darstellt und ebenso die Kritik an diesem und an der Assimilation und Integration. Es ist ein Spiel im Spiel im Spiel.

Es gehört zu den Eigenheiten der Immersion mit ihren Konvergenzeffekten, dass sie Verweise auf ein Außerhalb erschwert. Auch verengt sie die Räume eigener Assoziation, da diese ja ebenfalls über die Immersion hinausführen würden. Sogar Gefühle erscheinen wie programmiert, und damit wirkt auch der Kontakt zum Inneren nicht länger so frei wie gewohnt. Die Einkapselung in einer kunstgewordenen Bildmaschine befreit die Einzelnen von allen möglichen Zwängen, denn hier darf das Irreale real sein; doch begrenzt die Maschine zugleich das Einbildungsvermögen, weil alle Bilder schon erdacht und verfertigt zu sein scheinen, egal wie beweglich und veränderlich sie sein mögen. Sich dieser digitalen Absolutheit, die Weite meint und sich zugleich als Enge erweist, entziehen zu wollen, das gliche der Kunst, in einem Traum zu träumen.

***

Für Programmierer hingegen gleichen die Immersionsmuseen einem Studiensaal: Dem Leitgedanken des Affective Computing folgend, können sie hier unter Idealbedingungen erkunden, ob und wie sich – analog zum menschlichen Gedächtnis – nun auch die Gefühle in digitale Muster überführen lassen. Dafür muss der Mensch lesbarer werden, denn nur so mag es den Maschinen am Ende vielleicht möglich sein, die eigentlich nicht kalkulierbare, kaum verallgemeinerbare Emotionalität in all ihren Facetten aufzuschlüsseln. Diese Aufschlüsselung wiederum braucht es, damit aus dem kalten Gerät tatsächlich ein empfindsames und damit auch soziales, kreatives und also zur Kunst begabtes Wesen werden kann und es nicht nur als ein solches wahrgenommen wird. In dem Moment, in dem ein Computer zu Gefühlen befähigt ist, »kann das die Komplexität seiner verborgenen Schichten beeinflussen, wenn auch nur geringfügig, und die Möglichkeit eröffnen, dass er ein unvorhersehbares Verhalten zeigt, das ein wesentliches Element der Kreativität ist«, schreibt Arthur I. Miller. »So könnte er von sich aus beschließen, etwas Neues zu tun. Er könnte Willenskraft entwickeln.«[40]

---

40 Miller, *The Artist in the Machine*, S. 286.

Allerdings bleibt es nach wie vor nebulös, wie die Gefühle ins Gerät hineingelangen und dort das für Gefühle so typische unkontrollierte Eigenleben führen könnten. »Es ist schlicht nicht zu sehen, wie Empfindungsfähigkeit in Schaltkreisen und Transistoren entstehen sollte«, schreibt die Philosophin Manuela Lenzen.[41] Ein Verständnis davon jedoch, welchen Regeln die menschliche Gefühlswelt folgt, vermag der Computer sehr wohl zu entwickeln, füttert man ihn nur mit ausreichend Daten, aus denen er Verhaltensmuster herauslesen kann.

Ein Programm namens The Painting Fool wurde bereits Anfang des 21. Jahrhunderts dahingehend ausgerichtet, dass es aus einer Reihe von Porträts ein besonders gefühlsbetontes Bild herauspickt, um es abzumalen und dabei den Gesichtsausdruck des Porträtierten noch zu steigern. Auf einer Internetseite lässt der Entwickler des Fools, Simon Colton, diesen in der Ich-Form von seinen Fähigkeiten und seiner Bereitschaft zur Selbstreflexion erzählen: »Ich lerne sehr viel aus wohlmeinender Kritik, denn diese treibt mich voran, so dass Sie mich hoffentlich eines Tages gerne als kreativen Künstler bezeichnen werden.«[42]

Aufbauend auf solche Berichte hatte Facebook 2012 damit begonnen, das Phänomen der *emotional contagion*, der gefühlsmäßigen Ansteckungsmöglichkeiten

---

41 Lenzen, *Künstliche Intelligenz*, S. 59.
42 Siehe die »Selbstbeschreibung« unter: {http://www.thepaintingfool.com/about/}.

zu untersuchen, in einem für lange Zeit geheimen Experiment mit 700000 Nutzern. Der Konzern wollte herausfinden, wie sich realweltliche Gefühle und Verhaltensweisen beeinflussen lassen. Amazon wiederum vertreibt seit 2020 sogenannte Halo-Armbänder, die in ihren Funktionen noch über die Apple Watch und ähnliche Wearables hinausgehen, weil sie neben Herzfrequenz und Körperfett auch den Gefühlshaushalt ihrer Träger im Blick behalten und für *social wellbeing* sorgen sollen. Über ein integriertes Mikrofon sollen sie die Stimme ihres Trägers analysieren können und daraus ableiten, wie es um dessen Gemütszustand bestellt ist. Dank auditiver Emotionserkennung zeigt das Gerät an, wie depressiv oder glücklich, wie gestresst oder gelangweilt jemand klingt, und im Zweifel weiß es Rat, mit welchen bei Amazon bestellbaren Mitteln sich die eigene Befindlichkeit verbessern ließe. Der Mensch wird damit zum Datenproduzenten, ohne dafür handeln zu müssen – es reicht, wenn er fühlt. Und damit vermag die interessierte Wissenschaft und Wirtschaft viel direkter als beispielsweise über die Äußerungen in sozialen Netzwerken in Erfahrung zu bringen, was die Einzelnen und die Gesellschaft als Ganzes bewegt und wie sie sich möglicherweise bewegen lässt.

So wie alle erhobenen Daten kommen auch diese einer ausgeprägt ökonomischen Verwertungsabsicht entgegen, die mittelbar auch den kulturellen Konsum verändern und ebenso die kulturelle Produktion. Ein Streamingdienst wie Spotify ist eben weit mehr als eine Jukebox; eher ähnelt er einem DJ, der sowohl auflegt als auch neu mischt und stets darauf bedacht ist, auf sein Publikum zu reagieren. Spotify errechnet den Musikgeschmack seiner Hörer und kann ihnen den einen oder anderen Vorschlag unterbreiten. Darin ähnelt es dem Conscious Home, das genau weiß, in welcher Stimmung welche Klangfarbe die Richtige sein könnte. Doch erkennt Spotify auch, welche Stücke nicht gehört wurden, und kann taktgenau sagen, wann die Hörer einen Titel abbrachen – und besitzt damit Daten, aus denen sich für die Komposition neuer Musik einige Rückschlüsse ziehen lassen. Sie können sich den bisherigen Erfolgen angleichen oder ein Album zumindest so modifizieren, dass es optimal ins Erwartungsschema der meisten Hörer passt. Ebenso wird es denkbar, dass ein und derselbe Titel in mehreren Versionen erstellt wird und der Algorithmus den jeweils passenden individuell auswählt.

Hier besteht die Kunst der Maschine darin, das Leben möglichst eng zu begleiten, es mit Impulsen der Aufmunterung zu versehen oder die Stimmung zu beruhigen. Die digitale Ausrechenbarkeit und der absichernde Zugriff, die damit einhergehen, verlieren in dieser Perspektive an Bedeutung und Bedrohlichkeit. Der »Überwachungskapitalismus« (Shoshana Zuboff) zeigt eine anschmiegsam-freundliche Seite. Von der Technik erkannt zu werden, ihr das eigene Leben zu öffnen, wird zur alltäglichen, nicht länger reflektierten Erfahrung.

In der Folge erscheint es nicht weiter verwunderlich, wenn die künstliche Intelligenz selbst zum Künstler wird, einen eigenen Namen führt und sogar einen Plattenvertrag bekommt. Für Warner Music produziert ein Algorithmus namens Endel auf weitgehend automatisierte Weise zwanzig Alben, die vor allem ein emotionales Klima erzeugen sollen. Sie tragen Titel wie *Calm Cloudy Afternoon* oder *Foggy Morning*, wollen also als Wetter wahrgenommen werden und tatsächlich dem Wechsel der Tageszeiten entsprechen oder sogar gleichen. Auf diese Weise, klanglich mit besonderer Luft, einem besonderen Licht, einer eigenen Wärme versorgt und also wie von einer höheren Natur begleitet, sollen Menschen besser abschalten oder einschlafen können.

Zudem will Endel künftig als eine Art Überkünstler auch die Stimmungswerte einer Wohnung individuell anpassen können, indem das Programm die Heizungen und Lampen reguliert, den jeweiligen Gefühlslagen seines menschlichen Gegenübers entsprechend. Technisch ist es bereits möglich, dass sich Endel mit Fitnesstrackern verkoppelt, um so den Algorithmus und den Rhythmus der Herzen musikalisch in Gleichklang zu bringen. Hier wird der »Panzer der Verdinglichung, mit dem wir in einer auf Steigerung und Optimierung, auf Berechnen und Beherrschen ausgerichteten Welt in der Welt operieren«, nicht einfach nur durchbrochen.[43] Er löst sich auf in ein sanftes Geschmeide, das sich wie eine zweite Haut über das Gemüt zu legen versteht. Das Berechnen und Beherrschen wird nicht als aktiver,

---

43 Rosa, *Unverfügbarkeit*, S. 39.

erst recht nicht als aggressiver Vorgang erfahren, denn wie von selbst scheinen sich die Dinge zu fügen. Jeder Widerstand ist überwunden, es beginnt die Epoche der Anschmiegsamkeit. Und in dieser Epoche erweist sich die alte Idee der Selbstwirksamkeit des Menschen als überholt, ist doch sein Selbst zugleich das Selbst der Dinge, die ihn umgeben. Ob nun er auf sie einwirkt oder sie auf ihn einwirken, interessiert allenfalls noch die Sophisten.

***

Dank einer ebenso lebens- wie körpernahen Kunst verbinden sich raffinierte Technik und menschliche Natur und es bedarf keiner operativen Eingriffe, keiner Herzschrittmacher oder mikroprozessorgesteuerten Kniegelenke, um Maschine und Mensch gleichermaßen als kunstfertig zu begreifen. Diese tiefvertraute Allianz verbittet sich – zumindest vordergründig betrachtet – jede Alternative. Der Zirkel schließt sich wie in der Architektur des Apple-Hauptquartiers. Und das auch deshalb, weil die Selbsttechnisierung nicht länger nur im mechanischen, sondern auch im digitalen Sinne vorandrängt. Ein entschiedener Fortschrittswille zusammen mit der nötigen Menge Overtrust sorgen dafür, dass etwa die schwedische Firma Epicenter ihren Mitarbeitern einen Chip zwischen Daumen und Zeigefinger einpflanzen lässt (bislang auf freiwilliger Basis), damit fortan die Hand des Menschen auf natürliche Weise eine künstliche Schlüssel- oder Kreditkartenfunktion übernehmen kann. Umgekehrt gibt es vermehrt Überlegungen, biohybride Roboter zu bauen, die Transistoren mit natürlichem Gewebe verbinden und damit die Grenze zwischen empfindungsfähigen Menschen und hypersensiblen Maschinen weiter auflösen.

Solche Cyborg-Vorstellungen, die ein produktives Miteinander von Wet-, Soft- und Hardware propagieren, wurden bislang vor allem als Dystopien populär und erfreuen sich in Literatur und Film eines noch immer wachsenden Publikums. Doch haben sich, was leicht übersehen wird, auch positive, ja überschwängliche Lesarten entwickelt: Insbesondere die Überwindung alter Dualismen wurde und wird als politisches Versprechen auf Emanzipation gehandelt, als Abschied von asymmetrischen Machtverhältnissen und damit als Beginn einer metaphysisch anders bestimmten Epoche.

So spielt die einflussreiche Feministin Donna Haraway in ihrem berühmten Cyborg-Manifest mit der Utopie einer bis in den tiefsten Kern veränderlichen Welt, weil durch die künftige Ununterscheidbarkeit von Mensch und Maschine, aber auch von Mensch und Tier und überhaupt von Physikalischem und Nichtphysikalischem »die Gewissheit der Bestimmung dessen, was als Natur – als Quelle von Erkenntnis, als Verheißung von Unschuld – betrachtet werden kann«, unterhöhlt werde.[44] Erst auf diesem Wege, durch die Überwindung der patriarchal geprägten Ordnung, werde es

---

44 Donna Haraway, »Ein Manifest für Cyborgs«, 1985; eine deutsche

denkbar, »ein Bild möglicher Einheit zu zeichnen, das sich sozialistischen und feministischen Entwurfsprinzipien verdankt«.

Auf vergleichbare, wenn auch weniger politisch-kämpferische Weise erblicken Transhumanisten in der Aufhebung der Gegensätze ebenfalls eine Chance: Nun, da sich die Technik nicht mehr zwischen den Menschen und die Schöpfung schiebt und mit Kreativität und Kunst eine vermittelnde Kraft ausgeformt werden kann, ist auch die Idee des Fortschritts nicht mehr allein eine menschliche. Vielmehr wird die Natur selbst als fortschreitend gedacht, als unabgeschlossener und unabschließbarer Prozess, der in der Technik, vor allem aber in der Kunst zu Geltung und Evidenz gelange. Die Evolution wird hier zum Subjekt der Geschichte, weil die Subjektivität der Individuen zurücktritt, der Autonomiegedanke verblasst und deshalb der menschliche Eigenwille nicht länger quer steht zum Lauf der Dinge, die sich endlich entfalten wollen.

***

Diese Hoffnung auf eine Rückkopplung der Welt mit sich selbst, um den Geist-Materie-Dualismus zu überwinden, hat viele Wurzeln. Etliche führen ins US-amerikanische Hippie-Milieu der sechziger und siebziger Jahre, wo man dem Staat misstraute und auf eine mög-

---

Fassung des Textes ist online verfügbar unter: {http://www.medientheorie.com/doc/haraway_manifesto.pdf}.

lichst ursprüngliche, unmittelbare Naturnähe aus war. Als bizarren »Mischmasch aus Hippie-Anarchismus und Wirtschaftsliberalismus, aufgepeppt mit viel technologischem Determinismus«, beschreiben später die Sozialforscher Richard Barbrook und Andy Cameron unter dem Schlagwort »Californian Ideology« die Szene und ihre Geisteshaltung.[45] Hier, in der Cyberkultur, konnte sich der Begriff »Evolution« zum »herrschenden Modell und zum Heilsversprechen« entwickeln, auch wenn er »oft nicht streng im biologischen Sinne angewendet wird, sondern nur im Sinne einer Emergenz, die offenbar sowohl den kontinuierlichen Fortschritt als auch die Idee einer geplanten Revolution ersetzt«.[46]

Diesem Heilsdenken entsprach ein starkes, manchmal sogar messianisches Sendungsbewusstsein: »Wir existieren als Götter und sollten dann auch versuchen, gute Götter zu werden«, schreibt der Autor und Unternehmer Stewart Brand am Ende der sechziger Jahre in seinem populären *Whole Earth Catalog*, der heute manchen wie ein Vorläufer des Internets vorkommt, weil sich in ihm alles mit allem zu verbinden schien.[47]

---

45 Richard Barbrook und Andy Cameron, »The Californian Ideology«, in: *Science as Culture* 6/1 (1996), S. 44-72; online verfügbar unter: {https://www.researchgate.net/publication/249004663_The_Californian_Ideology/link/5725c1bf08ae262228adc341/download}.

46 Florian Rötzer, »Cyberspace als Heilserwartung?«, in: Norbert Bolz und Willem van Reijen (Hg.), *Heilsversprechen*, München: Fink 1998, S. 174.

47 Zit. nach Rid, *Maschinendämmerung*, S. 214.

So wie Brand entwickelte der Anthropologe Gregory Bateson die Theorie, dass der individuelle Geist, der dem Körper immanent sei, nur als »ein Subsystem« eines größeren Geistes existiere, der sich mit Gott vergleichen lasse und dem »gesamten in Wechselbeziehung stehenden sozialen System und der planetarischen Ökologie immanent« sei.[48]

Spätestens in den siebziger Jahren wird die Technik des aufkommenden Internets zur Vorlage, um die Theorien der Kybernetik weiter auszufeilen und als Verheißung zu propagieren, etwa durch den Physiker Francis Heylighens, der im Netz einen Superorganismus erkennt, ein »globales Gehirn« und das »evolutionärkybernetische Modell einer sich entwickelnden Netzwerkgesellschaft«.[49] Für den Informatiker und Mikrobiologen Joël de Rosnay gehört die Zukunft dem Homo symbioticus, der sich vereine mit dem Kybionten, einer »lebendigen Kollektivität. Die zu einem Netzknoten gewordene Zelle Individuum wird physisch und geistig vom Leben des Netzes in seiner Gesamtheit durchblutet.«[50] Schließlich verbindet sich für die Theo-

---

[48] Gregory Bateson, *Ökologie des Geistes. Anthropologische, psychologische, biologische und epistemologische Perspektiven*, Frankfurt a. M.: Suhrkamp 1985, S. 593.

[49] Francis Heylighen, »The Global Superorganism: An Evolutionary-Cybernetic Model of the Emerging Network Society«, in: Social Evolution and History 6/1 (1970); online verfügbar unter: {https://www.researchgate.net/publication/2458402_The_Global_Superorganism_an_evolutionary-cybernetic_model_of_the_emerging_network_society}.

[50] Zitiert nach Florian Rötzer, »Auflösung in einen großen Orga-

login Jennifer Cobb das Digitale mit dem Höchsten, denn in ihren Augen stellt »das Computerwesen ein neues Substrat dar, in dem göttliche Kreativität wirken kann«.[51] In jüngster Zeit schließt auch Yuval Noah Harari nicht aus, dass sich das Internet aller Dinge »vom Planeten Erde aus auf die gesamte Galaxie und sogar das gesamte Universum ausbreiten könnte. Dieses kosmische Datenverarbeitungssystem wäre dann wie Gott«.[52]

In dieser geistesgeschichtlichen Perspektive, in der Datenströme als eine geistig-geistliche Bewegung aufgefasst und gedeutet werden, kann der Traum von der kreativen Maschine nicht weiter überraschen. Erst im automatisierten Künstler, so stellt es sich dar, findet die Evolution zu ihrer wahren Formenvielfalt und die Technik einen Ausdruck ihrer schöpferischen Kraft. Er wird zum Medium eines überindividuellen Schöpferwillens. Die kreative Maschine, das zeigt sich in der Popularität der Cyber-Mystik, fiel nicht vom Himmel. Sie wird getragen von einer Gedankenwelt, in der Technik und Kunst ein organisches Bündnis eingehen, sich als Teile eines »Supergehirns« gegenseitig stärken und ergänzen und nach Ausdrucksformen suchen, in denen sich das Streben dieser Übermacht manifestieren kann.

Diese Gedankenwelt der Kybernetik hat etliche Vor-

nismus?«, in: *Telepolis* (2. August 1997); online verfügbar unter: {https://www.heise.de/tp/features/Globales-Gehirn-3412792.html}.
51 Jennifer Cobb, *Cybergrace. The Search for God in the Digital World*, New York: Crown 1998, S. 15.
52 Harari, *Homo Deus*, S. 515.

läufer, so etwa in den Theorien des Jesuitenpaters Pierre Teilhard de Chardin, die in seiner Kirche großes Unverständnis auslösten, doch von Technikutopikern seit den zwanziger Jahren dankbar aufgegriffen wurden und noch im Silicon Valley ein breites Echo fanden. Teilhard war davon überzeugt, dass sich die Evolution erst dank des Menschen und seiner technischen Erfindungen ihrer selbst bewusst werden könne. Lange vor der Erfindung des Internets stellte er sich eine alles umspannende Informationsmembran vor, die sich zu der Einheit eines einzigen Gewebes entwickeln würde und sämtliche Gedanken und Erfahrungen des Menschen in sich aufnähme. Dieses Gewebe sei dann wie »ein großer Körper, der geboren wird – mit seinen Gliedern, seinem Nervensystem, seinen Wahrnehmungsorganen, seinem Gedächtnis«.[53] Entstehen würde ein kollektives Bewusstsein, das alle Menschen in paradiesischer Unmittelbarkeit verbinde und in ihrem Denken und Handeln das evolutionäre Geschehen zur Erfüllung bringe.

Bis in die Gegenwart spiegelt sich diese Vorstellung, der Techniker sei der Erfüllungsgehilfe eines höheren Ganzen, in den Selbstauskünften zahlreicher Forscher und Entwickler. So sagt der bekannte Biologe Christopher Langton: »Es gibt da diese anderen, künstlichen Lebensformen, die entstehen wollen. Und sie benutzen mich als Vehikel zur Fortpflanzung und zur Imple-

---

[53] Pierre Teilhard de Chardin, *The Phenomenon of Life*, London: Harper Perennial 1959, S. 246.

mentierung.«[54] Dieselben Überzeugungen finden sich im Lager der Programmierer und Techniker: »Wir sind der biologische Bootloader für eine digitale Superintelligenz«, sagt Elon Musk und meint damit, dass die Menschheit eine Art Software sei, ein Startprogramm, ohne das sich das Betriebssystem nicht in Gang setzen könne. »Materie kann sich nicht zu einem Chip organisieren. Aber sie kann sich selber als ein komplexes biologisches Wesen organisieren, das dann letztendlich den Chip erschafft.«[55]

***

Wie gezeigt, findet das Konvergenzdenken, dieses »Pfingstfest der Vereinigung der Menschheit durch das Wegfallen aller Trennungen« (Florian Rötzer), in vielen Installationen der Kunst ihre sinnlich-suggestive Entsprechung, vor allem in den immersiven Erfahrungen des Einbindens und der Verschmelzung. Die Idee, mit der kreativen Maschine etwas zu erfinden, das die eigene Existenz übersteigt, weil sich hier das Prinzip des Schöpferischen vom menschlichen Wollen und Wirken löst und eigenen, unvorhergesehenen Bahnen folgen kann, mag auf den ersten Blick übersteigert er-

---

[54] Zitiert nach Kevin Kelly, *Out Of Control. The New Biology of Machines, Social Systems, and the Economic World*, New York: Basic Books 1995.

[55] Zitiert nach Tomasz Konic, »Künstliche Intelligenz und Kapital«, in: *Streifzüge* (15. November 2017); online verfügbar unter: {https://www.streifzuege.org/2017/kuenstliche-intelligenz-und-kapital/}.

scheinen, als eine Form von »digitalem Pantheismus« (Roberto Simanowski). Doch besitzen die kybernetischen Visionen ein starkes Widerlager in der Kultur- und Kunstgeschichte, und es lässt sich behaupten, dass sie in wesentlichen Teilen erst aus dieser hervorgegangen sind, ob wissentlich oder nicht.

Die Anfänge einer systematischen Wissenschaft und Kulturpflege gehen zurück auf die Wunderkammern der Renaissance und des Barock. Dort traten, den heutigen Konvergenzvorstellungen entsprechend, natürliche und menschliche Artefakte als gleichrangige Sammelobjekte in Korrespondenz zueinander. In diesen Studiensälen trugen die Herrscher und ihre Experten nicht nur das zusammen, was teuer und kostbar erschien, sondern auch das eigentlich Überflüssige und Erratische, Dinge, die ihnen befremdlich, verwegen, unergründlich erschienen oder einfach nur als schön galten. Ob Bohnenhülsen oder Buchsbaumschalen, Goldkannen, Haifischzähne oder feinste Kameen, alles fand hier zusammen. Es war programmatisch so gewollt, dass in den Wunderkammern »viele Dinge weder ganz zur Natur noch ganz zur Kunst gehören, sondern dass beide an ihnen gleichermaßen teilhaben«, wie der Humanist Vincenzo Borghini um 1570 erklärte.[56]

Ob Naturalia, Artificialia oder Scientifica, sie schienen ein und demselben Geist entsprungen und wurden

---

[56] Zitiert nach Wolfgang Braungart, *Die Kunst der Utopie: Vom Späthumanismus zur frühen Aufklärung*, Stuttgart: Metzler 2016, S. 114.

entsprechend präsentiert: So verwandelten Elfenbeinschnitzer die Stoßzähne der Elefanten in geometrisch intrikate Blumen, und noch heute wirkt es so, als hätten sie beweisen wollen, dass auch die Mathematik natürlich schön sei und duften könne wie eine Blüte. Kokosnüsse oder ein Stück vom Narwalzahn wurden von diesen Künstlern wie Reliquien eingesponnen und mit Deckel, Henkel und vasenartigem Fuß gefasst. Und es entstanden – aus diesem Miteinander von Natur und Kunst und Wissenschaft – die erstaunlichsten Automaten, etwa ein Schiff, das am Wiener Hof automatisch über königliche Festtafeln fahren und sogar echte kleine Kanonen abfeuern konnte. Für den Moment schien es, als führte diese Maschine ein Eigenleben, unterhaltsam und auch ein wenig unheimlich, nicht nur für die, denen die Kügelchen entgegenschossen.

***

In den Vorstellungen des 17. Jahrhunderts sind viele dieser Kunstfertigkeiten weit mehr als nur Amüsierstücke einer nach Abwechslung verlangenden feudalen Gesellschaft. Sie verkörpern eine Idee von Natur, die nicht im Gegensatz zur Kunst gedacht wird. So befindet Francis Bacon, dass sich »die Kunstgebilde von den Naturstoffen weder nach Form noch Wesen, sondern allein nach der Art ihrer Herstellung unterscheiden«. In seinen naturhistorischen Betrachtungen versteht er – den Mystikern und Technikutopisten des 20. Jahrhunderts nicht unähnlich – die menschlichen Schöpfungen als lenkend und leitend für das, was evolutionär auf Verwandlung drängt und hervortreten möchte: »[S]o können sich die Wege und Variationen der Natur im Zustand der Freiheit nirgends so vollständig offenbaren wie durch die Proben und Bedrängungen der Kunst.«[57] Erst durch den Künstler gewinnt Form, was zur Formung drängt, ohne diesen hingegen ungeformt bleiben müsste. Denn in ihm, dem Künstler, agiert eine höhere, unbestimmbare Macht: Antike Vorstellungen aufgreifend, wird er seit der Renaissance erstens als »Griffel der Gottheit« (Ernst Kris/Otto Kurz) verstanden, zweitens wird Gott selbst als Künstler gedeutet, drittens aber auch die Künstlerschaft der Natur hervorgehoben, denn manchmal wirke es, als greife sie selbst zum Pinsel.

Im Traum von der kreativen Maschine tritt dieses alles in der Technik zusammen, denn nun ist sie es, die als Künstler erscheinen soll. Sie ist es, die der Evolution zur Vollendung verhilft und als vermittelnde, steuernde Kraft eine Kunst hervortreten lässt, in der sich das Natürliche in seinem Drängen erfüllt und etwas unfasslich Höheres fassbar wird. Es ist ein Traum, in dem die Natur technisiert, die Technik naturalisiert wird. Und die Kunst als versöhnende Kraft alle Trennungen überwindet.

---

57 Zitiert nach Bredekamp, *Antikensehnsucht und Maschinenglauben*, S. 65.

GESELLSCHAFT
der Selbsterlösung

Warum der Überwachungskapitalismus die Utopien der Künstler braucht

Der Traum von der kreativen Maschine ist auch und vor allem ein Traum vom anderen Menschen. Dank der digitalen Technik sind sie mächtiger denn je, müssen aber die Macht nicht länger verantworten. Sie gewinnen die denkbar größte Kontrolle und lassen sie doch fahren. Sie können sich selbst verwandeln, denn Eingriffe in die genetische Keimbahn machen es ebenso möglich wie Tissue-Engineering und Prothesen jeglicher Art. Zugleich sagt ihnen die Bio- und Neurowissenschaft, dass diese Selbstverwandlung in die Irre führt, weil es ein Selbst nicht gibt und nie gegeben hat: »We have never been individuals«.[1] Ebenso lässt die digitale Technik mitteilen: Auch in Zukunft werden wir keine Individuen sein, schließlich regiert nun ein neuer Geist, der Ich und Du, Mensch und Maschine,

[1] Scott F. Gilbert, Jan Sapp und Alfred I. Tauber, »A Symbiotic View of Life: We Have Never Been Individuals«, in: *The Quarterly Review of Biology* 87/4 (2012), S. 325-341; online verfügbar unter: {https://blogs.bu.edu/ait/files/2012/12/SymbioticViewQRB.pdf}.

Natur und Kultur unlösbar vermählt. Für das Konzept des freien Willens gibt es bei dieser Form der Allbefriedung keinen Bedarf, im Gegenteil, es wäre nur störend.

In einer solchen transhumanistischen Perspektive hat die Zukunft kein treibendes Subjekt mehr, sie entwirft und entwickelt sich wie von selbst; und das heißt für die Zukunft der Kunst, dass ihr gewissermaßen die Geschäftsgrundlage abhandenkommt. Wo der freie Wille nicht länger gewollt ist, wo Authentizität, Autonomie und Reflexion als obsolet gelten oder bestenfalls als rührende Atavismen, da schließen sich die Räume, die seit dem Beginn der Moderne weit geöffnet waren. Dort, wo das Ich nicht mehr als Souverän seiner selbst begriffen wird, entfällt jede Notwendigkeit, öffentlich über die Ausprägungen dieser Souveränität zu diskutieren und sich in ein Verhältnis zu den Selbstbildern einer Gesellschaft zu setzen. Die Fragen nach Tradition und Utopie entfallen, weil sie sich nur stellen und einen öffentlichen Diskurs befeuern, solange es allgemeiner Konsens ist, dass sich der Blick auf die Tradition wandeln, die Idee der Zukunft gestalten lässt, und zwar deshalb, weil der Mensch es will. Ohne diesen Willen, ohne den »Geist als das menschliche Vermögen der Selbstbildfähigkeit« (Markus Gabriel), hat sich die Vorstellung einer offenen, weil sich selbst gestaltenden Gesellschaft erübrigt.

Damit werden nicht nur die grundlegenden Idealbilder der künstlerischen Produktion abgeräumt; grundlegend verändern sich auch die Bedingungen der Rezeption. Diese Bedingungen waren seit dem 18. Jahrhundert eng verknüpft mit der Idee einer Gesellschaft, die mit sich selbst im Gespräch ist. Kunst, so die verbreitete Vorstellung, entsteht nicht per höfischem oder klerikalem Dekret, sie entsteht im Diskurs. Sie muss nicht länger akademischen Regeln gehorchen, sie kann sich ihre Sujets und Methoden frei wählen, doch kommt sie gerade deshalb nicht ohne eine Öffentlichkeit aus, in deren Reaktionsmustern sich abbildet, welche Neuformulierungen tragend sein könnten und wo ein künstlerisches Experiment ins Leere läuft. Ohne Resonanz entsteht kein Wertebild, und ohne Wertebild ist die Kunst ein Spiel ohne Gegenüber und ohne Bedeutung.

Werden aber die Dualismen in der Digitalmoderne abgeschliffen und durch das kybernetische Prinzip der Zirkularität ersetzt, verliert sich auch ein solches Gegenüber und es bilden sich andere Strukturen von Öffentlichkeit. Es ist nicht die moderne, auf die Freiheitsrechte eines als mündig gedachten Individuums aufbauende Öffentlichkeit, vielmehr wird sie kollektivistisch aufgefasst, weil im technologischen Posthumanismus »eine strenge Differenzierung zwischen ›ich‹, ›wir‹ und ›sie‹ überflüssig wird«.[2] Der Mensch emanzipiert sich von sich selbst, er entwickelt ein anderes, überindividuelles Selbstbild – und es sind die Kunst der Immersion und der Traum einer subjektfernen, automatisierten Kreativität, die diese Entwicklung begünstigen und vorantreiben.

2 Janina Loh, *Trans- und Posthumanismus zur Einführung*, Hamburg: Junius 2018, S. 26.

Durch diese neue Subjektkonzeption verlieren die bisherigen, auf Reibung und kritischen Austausch setzenden Formen des Diskurses an Relevanz. Bislang setzte der Begriff der Öffentlichkeit voraus, dass ihm ein starker Begriff von Privatheit und also von geschützter, sich abgrenzender Individualität entgegengestellt wurde. So ist für Georg Simmel ein klarer Dualismus konstitutiv: »daß der Einzelne mit gewissen Seiten nicht Element der Gesellschaft ist, bildet die positive Bedingung dafür, daß er es mit anderen Seiten seines Wesens ist«.[3] Insbesondere die moderne Kunst bezog aus dieser Polarität viel von ihrer Spannung. Erst im Gegeneinander der Sphären gewann sie eine ihrer wesentlichen Funktionen: als ein Raum, in dem noch die intimsten Regungen, Erfahrungen von Liebe, Angst, Begehren oder tiefem Zweifel sich aus der Privatheit lösen und zu etwas Allgemeinem und allgemein Verhandelbarem werden konnten. Hierin lag die emanzipatorische Kraft der Kunst: dass sie sich aufgerufen fühlen durfte, Verborgenes sichtbar und formulierbar zu machen.

Um diesen Raum produktiv gestalten, um ihn gelegentlich auch verlassen oder gedanklich niederreißen zu können, braucht es allerdings Grenzen, die diesen Raum als Raum erst konturieren. Zum einen sind es die Grenzen des Gesetzes, die der Kunst eine besondere Freiheit ermöglichen, zum anderen die Grenzen

---

3 Georg Simmel, *Soziologie: Untersuchungen über die Formen der Vergesellschaftung*, Frankfurt a. M.: Suhrkamp 1992, S. 51.

einer Gesellschaft, in der das Öffentliche sich vom Privaten unterscheidet. Die digitale Technik unterläuft diese Unterscheidung, und das auf verwirrend paradoxe Weise.

***

Sie gestattet einerseits ein hohes Maß an Anonymität, weil sich beispielsweise im Diskurs des Netzes niemand zu erkennen geben muss. Hier gibt es Marktplätze der Meinung, auf denen alle, die wollen, eine Maske tragen dürfen. Andererseits erweitern sich die Möglichkeiten der Enttarnung – und damit der Entprivatisierung des Privaten – in einem nie gekannten Umfang. So ist etwa die Technik der Gesichtserkennung, auch wenn sie längst nicht flächendeckend eingesetzt werden darf, so weit vorangeschritten, dass selbst Tech-Konzerne vor ihrem uneingeschränkten Einsatz warnen. Wer immer meinte, sich in einer großen Menschenmenge unerkannt durch einen Bahnhof oder eine Einkaufsstraße bewegen zu können, sieht sich in der Digitalmoderne damit konfrontiert, dass ihn das kalte Auge der Kameras erfasst und sein Gesicht auslesen könnte wie einen Strichcode. Umgekehrt verwandelt sich Privatheit in eine Form von Öffentlichkeit, weil Menschen ihr intimes Leben arglos hinaustragen in die Weiten des Netzes und beispielsweise das Selfie als unverzichtbare Möglichkeit begreifen, um die eigene Existenz zu beglaubigen und ihr Befinden kundzutun.

Es etabliert sich eine neue Ordnung des Sichtbaren und des Unsichtbaren, und in dieser Ordnung wandelt sich das Verständnis dessen, was Öffentlichkeit konstituiert. Dazu gehört ganz wesentlich die Idee des mündigen Bürgers, die auch in den Diskursen der Kultur als feste Größe verstanden wurde. Denn erst die Annahme, dass alle Mitglieder einer Gesellschaft gleichermaßen mündig seien, erlaubte einen offenen, freien Austausch, in dem es nicht auf Stand und Status ankommt, sondern auf gute Argumente und auf die Bereitschaft der Einzelnen, sich ein eigenes Urteil zuzutrauen und es mit dem der anderen abzugleichen. Diese Mündigkeit aber geht in dem Maße verloren, in dem eine Kultur des Verdachts um sich greift und die Mitglieder einer Gesellschaft weniger als verantwortungsvoll denn als potenziell gefährlich betrachtet werden.

In der Moderne gehört es zur Idee des mündigen Bürgers konstitutiv dazu, ihm diese Mündigkeit staatlicherseits zuzutrauen. Die Bürger sind der Staat, und der Staat sind die Bürger. Würden sich diese hingegen selbst für unmündig halten, also für verantwortungslos und damit für grundverdächtig, und glaubten sie, man müsse sie anlasslos kontrollieren und bewachen, da sie andernfalls nicht im Zaum zu halten seien, dann wäre es rasch vorbei mit der Vorstellung, das Volk tauge zum obersten Souverän; jedenfalls wäre es eine absurde, höchst fragile Idee. Allerdings wächst mit den Möglichkeiten der Kontrolle und Einhegung auch das Verlangen, diese Möglichkeiten zu nutzen. »Das individuelle bzw. faktische Nicht-Verfügen über ein potenziell Verfügbares transformiert offensichtlich Unverfügbarkeit in Ohnmacht und Unsicherheit«, schreibt Harmut Rosa.[4] Und also wächst die Unsicherheit proportional mit der Anzahl von Überwachungskameras, Warnanlagen und Schutzzäunen. Der Souverän wähnt sich unsouverän.

Zudem gibt es eine stärker werdende Neigung, auf die digital beschleunigte Globalität, die den Austausch von Daten, Waren, Menschen begünstigt, mit digitalen Versuchen der Einschränkung auf die schwindende Bedeutung nationaler Grenzen zu reagieren. Ob Terror oder Wirtschaftskriminalität, die Sicherheit der Allgemeinheit soll per technischer Durchleuchtung der Einzelnen gewahrt bleiben.

***

Damit jedoch geht der modernen Kunst jene Basis verloren, die sie erst möglich und reizvoll erscheinen ließ. Eine überwachte und dauerdurchleuchtete Gesellschaft büßt ihre Liberalität ein, denn zu dieser Liberalität gehört neben der Mündigkeit ganz wesentlich die Anonymität. Die urbane Öffentlichkeit, die im 19. Jahrhundert zusammen mit den bürgerlichen Schauplätzen der Museen, Theater und Bibliotheken entstand, war von einer überaus spannungsreichen Ambiguität bestimmt: Alle lebten hier dicht gedrängt, blieben jedoch trotz

---

4 Rosa, *Unverfügbarkeit*, S. 75.

der Nähe auf Abstand. Das moderne Subjekt tauchte ab in der Menge, war im Zweifel gemeinsam einsam und genoss es, niemanden grüßen und kennen zu müssen. Es galt das Prinzip: Alle dürfen anders sein und gehören dennoch zusammen. Erst so konnten sich die Einzelnen als autonom erfahren. Erst in der Anonymität der Masse erschienen sie ungebunden und gleich – und durften sich also gemeinsam und auf unterschiedliche Weise dazu aufgerufen fühlen, sich in jenes Resonanzverhältnis zur Kunst zu setzen, ohne das sie nicht sein kann.

Diese Art der Gleichgültigkeit, einer moralischen Indifferenz, wurde oft als Herzenskälte beschrieben. Dabei verdankt sich ihr zu großen Teilen jene demokratische und immer auch kulturbewusste Öffentlichkeit, die von ebenjener gleichen Gültigkeit getragen wird. Hier stehen die Bürgerrechte allen zu, unabhängig von Hautfarbe, Geschlecht oder Ansehen. Und potenziell alle waren berechtigt, sich im Medium der Kultur miteinander ins Benehmen zu setzen und sich dabei bildend den Werken und auch einander zuzuwenden. Das Angesehenwerden durch Maschinen zersetzt dieses grundlegende Prinzip des öffentlichen Lebens, es schleift die Unterscheidung von privater und öffentlicher Sphäre und diskreditiert damit das Grundgefühl der urbanen Öffentlichkeit, anonym, unerkannt und damit auf besondere Weise gleich und frei sein zu dürfen. Gleich sind die Menschen nun vornehmlich im durchdringenden Blick der Bewacher, die in allem Fremden und Abweichenden eine mögliche Gefahr erblicken und somit verkennen, dass sie damit just den Wert der Fremdheit gefährden.

Dieser Wert liegt in der Unabsehbarkeit der urbanen Erfahrung, die mit der ästhetischen Erfahrung der Kunst eng verwandt ist. Doch ist Unabsehbarkeit im Kontrollraum der Digitalgesellschaft nicht vorgesehen, weil sie stets den ordnenden und vertrauten Mustern verpflichtet ist. Die Erkennungstechnik verlangt Normierung, alle sollen getreue Repräsentanten ihrer Gesichter, Bewegungen und Gesten sein, die erfasst und daraufhin analysiert werden, ob mögliche Abweichungen eine Gefahr bedeuten könnten.

***

Damit liegen die Widersprüche, in die eine digital und transhuman geprägte Öffentlichkeit ohne Dualismen gerät, offen zutage. Eine solche Öffentlichkeit verwischt die Grenzen zwischen öffentlichem und privatem Leben und unterläuft damit die alten Vorstellungen von angemessenem Verhalten, die je nach Sphäre verschieden sein können. Zugleich führt sie mit der Überwachungstechnik, die nicht nur vom Staat installiert wird, sondern auch von privater Seite zum Einsatz kommt, etwa mit Kameras an der Haustür, eine neue Idee der Angemessenheit ein, denn ohne Normativität, also die dualistische Unterscheidung zwischen gefahrlosem und potenziell gefährlichem Verhalten, könnte die Maschine die gewünschte Kontrollfunktion nicht ausüben. Solche Schizophrenien, als Herrschaftstechnik eingesetzt, bleiben nicht ohne Folgen für das, was man das öffentliche Bewusstsein nennt – und verändern damit auch den Blick auf die Kunst.

In der Moderne verband sich mit diesem Blick ein Freiheitsversprechen: Was die Kunst vortrug, musste nicht geglaubt und gewürdigt werden, man durfte ihren Sinn anzweifeln oder verwerfen, und anders als in feudalen Zeiten ließ sich ihre Bedeutung nicht autoritär verfügen. Im öffentlichen Bewusstsein war diese enge Verschränkung von Meinungs- und Kunstfreiheit unabdingbar: Frei waren die Künstler in dem, was sie dachten und formten; frei war ebenso das Publikum, sich spiegelbildlich zu verhalten und zustimmend, ketzerisch, abwägend die Kunst zu bewerten oder auch sich jedes Urteils zu enthalten. Dieses Freiheitsverständnis, ohne das sich Öffentlichkeit im modernen Sinne kaum denken lässt, verliert jedoch in einer Gesellschaft ohne Dualitäten an Kraft und Glaubwürdigkeit.

Auch hier greifen die Schizophrenien der Digitalmoderne: Die Öffentlichkeit erscheint einerseits offener denn je und erweist sich zugleich als verschlossen und ferngesteuert. Sie ist nicht länger ein Raum, in dem etwas gewonnen wird, beispielsweise ein geteiltes Bild von Gesellschaft in ihren Differenzen und ihren Gemeinsamkeiten. Sie wird vielmehr zu einem Raum der Enteignung, für den Einzelnen und die Vielen.

Das beginnt damit, dass digitale Technik zwar mehr Menschen die Möglichkeit eröffnet, als Autoren ihres Lebens aufzutreten, sich mit anderen auszutauschen und im Netz ihre Interessen und ihren Lebensstil auf vielfältige Weise zu gestalten, auch dank der Kunst-Apps und sonstiger Programme, die eine kreative Betätigung erleichtern. Doch geht diese Freiheit einher mit einem Zwang, denn mit den Möglichkeiten wächst auch die Verpflichtung. Weil sich das Private im tradierten Verständnis auflöst, bleibt den Einzelnen kaum die Wahl: Sich dem Netz zu entziehen hieße, sich verdächtig zu machen. Vor allem aber hieße es, sich von der Welt abzuschneiden, mit den entsprechenden sozialen und ökonomischen Folgen. In der Digitalmoderne ist der öffentliche Mensch ein medialisierter Mensch, und wer es nicht sein will, nimmt sich aus dem Spiel.

Die verpflichtende Selbstmedialisierung geht einher mit einer weiteren Unfreiheitserfahrung: Weil in den digitalen Foren das Öffentliche und das Private dazu neigen, verwechselbar zu werden und in eins zu fallen, erscheint jede öffentliche Äußerung zugleich als eine private. Umgekehrt kann jede private Äußerung als eine öffentliche gedeutet werden, die sich an die Allgemeinheit richtet.

Damit wird einerseits das politische Argument, vorgetragen in der Öffentlichkeit, entwertet, weil es nun nicht länger allein um dessen Stichhaltigkeit geht; ebenso wichtig wird der private Hintergrund desjenigen, der es vorträgt, denn dieser Hintergrund kann ein Argument als valide oder unglaubwürdig erscheinen lassen. Der freie Diskurs von Gleichen unter Gleichen wird auf diese Weise empfindlich gestört, weil sie gleich nur dort sind, wo die Öffentlichkeit als ein nichtprivater Raum fungiert.

Andererseits wird der private Raum und dessen Freiheit eingeschränkt, weil er in vordigitalen Zeiten auch ein leichtfertiges Sprechen gestattete, das nun in vielen Fällen als ein Sprechen in der Öffentlichkeit verstanden werden kann. Die Unterschiedlichkeit der Sprechakte, beide auf ihre Weise für das öffentliche Leben wichtig, geht unter den Bedingungen eines Anti-Dualismus verloren. Die Folge ist uneigentliche, also unfreie Rede. In Umfragen geben erstaunlich viele Menschen an, sie lebten zwar in einem demokratischen Rechtsstaat, fühlten sich aber in ihrer Meinungsfreiheit beschnitten.[5]

***

Hinzu kommt, dass der medialisierte Mensch seine Freiheit im Netz als verzweckt erfahren muss. Im Unterschied zur herkömmlichen wird die digitale Öffentlichkeit von einer Infrastruktur getragen, die primär privaten ökonomischen Interessen folgt. Der Diskurs wird zum wertvollen Gut, weil Daten entstehen, die von einer künstlichen Intelligenz ausgewertet und von Internetkonzernen für ihre Absichten genutzt und in einen geldwerten Vorteil verwandelt werden können. Auch jene, die ihr digitales Leben gegen fremde Zugriffe wappnen, wissen zugleich, dass sie wie in einem

---

[5] Renate Köcher, »Immer mehr Tabuthemen«, in: *Frankfurter Allgemeine Zeitung* (22. Mai 2019); online verfügbar unter: {https://www.faz.net/aktuell/politik/inland/allensbach-umfrage-ueber-meinungsfreiheit-und-kritische-themen-16200724.html?premium}.

Haus ohne Haustür leben. So hatte die Firma Clearview AI, wie 2020 herauskam, mehr als drei Milliarden Porträts aus dem Netz gefischt, um sie mittels eines eigens entwickelten Algorithmus realen Menschen zuordnen zu können. Ohnehin war spätestens seit den NSA-Skandalen allgemein bekannt, dass Datenspuren permanent gespeichert und überwacht werden. Zudem hört man regelmäßig von globalen Digitalkonzernen, dass Passwörter oder E-Mail-Daten in die Hände Dritter geraten seien. Mögen Einzelne auch über Kontrollverlust klagen, ist die digitale Öffentlichkeit doch von kontrollierenden Mächten geprägt. Es ist eine unsichtbare Herrschaft, von der alle wissen, ohne sie tatsächlich zu kennen. Und dieser Verdacht nährt den Zweifel, ob die Freiheit wirklich frei sei oder nur einer mehr oder weniger undurchschaubaren Verwertungslogik folgt.

Dieser Zweifel trifft auch die Kunst, sie ist angewiesen auf die idealistische Vorstellung einer Öffentlichkeit, die im freien Gespräch mit sich selbst das Gegenstück zur freien künstlerischen Produktion bildet. Ohne dieses freie Gespräch ist auch die Kunst nicht frei, sie braucht die offene Gesellschaft, will sie modern sein und also eingebunden in einen übergeordneten Diskurs; ansonsten ist sie kaum mehr als das Privatvergnügen der Reichen und Mächtigen. Sie wird als »Siegerkunst« (Wolfgang Ullrich) wahrgenommen, als außerdemokratisches Mittel, um die eigene Macht und Überlegenheit zu demonstrieren.

So durchziehen die Widersprüche und Schizophrenien einer postdichotomischen Welt nicht allein die Künste, sondern auch die Gesellschaft. Wie die Produktion der Künstler weiterhin an die Vorstellung gebunden bleibt, es gebe ein verantwortliches Subjekt, das für sich selbst befindet, was als akut, bedeutsam und formwürdig gelten solle, kommt auch eine Demokratie nicht ohne das Ideal der mündigen Bürger aus. Und bedarf es für die Rezeption der Kunst, in der sich ihr Wertebild herauskristallisiert, das Ideal des herrschaftsfreien Diskurses, so ist auch die liberale Gesellschaft angewiesen auf eine Öffentlichkeit, der eine möglichst unabhängige Entscheidungsfindung zugetraut wird. Dieses Zutrauen jedoch schwindet – in der Kunst wie in der Gesellschaft –, sobald die Idee des freien Willens sich verabschiedet und von einem kollektiven, evolutionär gedachten Determinismus abgelöst wird. Dann gewinnt der Illiberalismus mit einem Mal an Attraktivität, der die Individuen von den Zumutungen einer scheinhaften Freiheit entlastet, weil er von vornherein einräumt, dass sich die Idee vom selbstbewussten Bürger im Zeitalter der künstlichen Intelligenz überholt habe.

***

In China löst man die Selbstwidersprüche des Determinismus durch einen groß angelegten Umbau der Gesellschaft in einen Datenerhebungsapparat: Eine neue soziometrische Herrschaftstechnik namens Sozialkreditsystem wurde eingeführt, um das Wollen und Sollen möglichst dicht zusammenzubinden. Eine zentrale Datenbank registriert Wohlverhalten wie Regelverstöße und vergibt entsprechende Punkte oder zieht sie den Bürgern ab, ein Bewertungsverfahren, das schon deshalb erzieherisch wirkt, weil staatliche Leistungen (Universitätsbesuch, Reiseprivilegien und Ähnliches) nur bei ausreichendem Punktestand gewährt werden. Auf Dauer soll sich der Zwang verinnerlichen und als Freiheit empfunden werden, weil dank permanenter Überwachung online wie offline nun ein jeder vor Versuchungen des Fehlverhaltens ferngehalten wird.

Ins Zentrum des gesellschaftlichen Zusammenhalts rückt die quantifizierbare Information, sie übernimmt die Funktion eines eigenen Narrativs, das eigentlich kein Narrativ mehr ist, sondern Vermessungswerk, das ohne symbolischen Überbau auskommt und damit nicht nur ein Höchstmaß an Verbindlichkeit ermöglicht, sondern auch als objektiv gerecht wahrgenommen werden kann. Hier wird die Gesellschaft zur Supermaschine, die auf ihre Weise kreativ ist: Schöpferisch formt sie ein neues Bewusstsein der Menschen, die ihre Freiheit nicht vermissen. Künstliche Intelligenz erweist sich als Schutz, ihre systematische Kontrolle feit vor Kontingenz und verheißt ebenso Verlässlichkeit wie materiellen Fortschritt.

***

Der Liberalismus des Westens tut sich mit solchen maschinenbasierten Zukunftsmodellen schon deshalb schwer, weil er das Kollektiv nicht ohne Demokratie und die Demokratie nicht ohne freien Willen denken möchte. Auch verliert die Moral ohne Autonomie ihr Fundament, denn wer nicht selbständig entscheiden kann und also die Verantwortung trägt, kann auch keine moralischen Entscheidungen treffen, für die er tatsächlich einsteht. Dieses Problem nun seinerseits den Algorithmen zuzuschieben oder darin »eine würdige Herausforderung für die besten Mathematiker der nächsten Generation« zu erblicken, scheint nicht unbedingt eine plausible Antwort zu sein.[6] Denn die Aufgabe dieser Mathematiker stellt sich als unlösbar dar: Sie sollen die Freiheitsräume wegrechnen, die es braucht, damit der Mensch autonom und moralisch verantwortlich handeln kann, ohne jedoch auf ein chinesisches Modell der Entmündigung zu verfallen.

Zudem bleibt fraglich, wie eine Gesellschaft der Individuen, denen Biologie und Technik erzählen, ihr Individualismus sei nur eingebildet und durch einen Postdualismus zu ersetzen, sich weiter kreativ diversifizieren soll, um so den Markt mit immer neuen, ebenfalls diversifizierten Produkten versorgen und zu weiterem Wachstum motivieren zu können. Denn nicht nur die Kunst, auch der Kapitalismus ist auf ein Denken in Gegensätzen angewiesen: Wenn es keine Unterschiede mehr gibt zwischen Kapital und Arbeit, Nachfrage und Angebot, Gewinn und Verlust, ist auch der

---

6 Nick Bostrom, *Superintelligenz. Szenarien einer kommenden Revolution*, Berlin: Suhrkamp 2018, S. 266.

Kapitalismus am Ende. Er folgt dem Prinzip der Dynamik, nicht dem posthumanistischen Determinismus.

Umso schillernder werden die Selbstwidersprüche eines Systems, das in der Digitaltechnik seinen wichtigsten Motor ökonomischer Innovation und gesellschaftlichen Wandels erblickt. Einerseits heißt es, diese Technik solle für Pluralisierung sorgen, für eine gesteigerte Form individueller Freiheit. Andererseits liegt offen zutage, dass sich dieses Versprechen selbst ad absurdum führt, weil die Macht der Konzerne, die der Technik zu ihrem Siegeszug verhelfen, sich nicht pluralisiert, sondern monopolisiert.

Wie in vormodernen Zeiten schlucken diese Großreiche alle Fürstentümer, die ihnen bedrohlich vorkommen. Sie schotten sich ab gegen die Kontrolle der Öffentlichkeit, während sie gleichzeitig das analoge Leben mit ihren digitalen Plattformen stärker prägen denn je. Sie hüten unter aller Augen den größten Schatz, die Daten der Allgemeinheit, verriegeln ihn in hermetischer Intransparenz, während sie treuherzig von Offenheit und Teilhabe schwärmen. Auch setzen sie sich systematisch als »Weltverbesserungsunternehmer« (Oliver Nachtwey und Timo Seidl) in Szene, betreiben aber ebenso systematisch eine Steuervermeidungspolitik, inszenieren sich als Klimaretter und bauen doch ihre Serverfarmen zu den größten globalen Energiefressern der Welt aus. Daher kommt es manchen Beobachtern nicht ohne Grund so vor, als sei unterdessen – dem chinesischen Modell nicht unähnlich – auch im Westen ein autoritäres Regime entstanden, »ein Feudalstaat, den Technologiefirmen und Geheimdienste säuberlich unter sich aufgeteilt haben«, wie Evgeny Morozov schreibt.[7] Hier werde den Nutzern nur scheinbar ein Mitbestimmungsrecht gewährt, in Wahrheit würden sie kleingehalten, schließlich entbehrten sie ohnehin ein eignes, bestimmbares Ich, das man ernst nehmen müsse. Manche Beobachter sprechen von einer »Rückkehr der Domestiken« (Nils Zurawski).

Anders allerdings als in den Königreichen von einst, in der die Gewalt zentral geregelt war, habe man es nun mit der Herrschaft »der fürsorglichen Nanny« zu tun, einer Nanny, die von einem gutmütigen Diktator nicht zu unterscheiden sei. »Mit ihm hatte das neue Motto ›Gemeinschaft first‹ den alten ›Kult des Individuums‹ endgültig abgelöst«, schreibt Roberto Simanowski über die Erosion demokratischer Grundwerte.[8]

Für liberale Gesellschaften, die dieser Erosion vorbeugen wollen, werden die Spielräume denkbar eng. Sie könnten mit Gesetzen durchgreifen, die Großkonzerne zur Offenlegung ihrer Praktiken zwingen und ihre Macht beschneiden, könnten den Datenschatz sozialisieren, um so Datenschutz zu ermöglichen. Allerdings mangelt es an politischem Willen, um diese Art

---

7 Evgeny Morozov, »Vom Global Village zum Feudalstaat«, in: *Neue Zürcher Zeitung* (30. August 2016).
8 Roberto Simanowski, »Das Versprechen der Künstlichen Intelligenz«, Deutschlandfunk (13. Dezember 2020); online verfügbar unter: {https://www.deutschlandfunk.de/die-zukunft-des-menschen-das-versprechen-der-kuenstlichen.1184.de.html?dram:article_id=488967}.

der Gegenrevolution anzuzetteln, und in Europa fehlt es zudem an der nötigen Technik, weil sie fast ausschließlich an der Westküste der USA und in Chinas Staatsunternehmen entwickelt und vorangetrieben wird.

Doch selbst wenn es gelänge, den »technologischen Schleier« (Theodor W. Adorno) zu lüften, um darüber aufzuklären, wie sehr künstliche Intelligenz als Machtmittel großer Konzerne eingesetzt wird, selbst wenn diese Machtmittel den Konzernen entwunden, wenn sie demokratisiert würden, wären doch damit die gesellschaftlichen Nebenfolgen der künstlichen Intelligenz nicht aus der Welt. Die Schizophrenien ließen sich so möglicherweise abmildern, doch die nivellierende, das öffentliche Bewusstsein verändernde Wirkung bliebe unvermindert bestehen. Weiterhin werden die Gesellschaften gezwungen sein, mit dem neuen, freiheitlich gesinnten Totalitarismus umzugehen und die eklatanten Selbstwidersprüche des Systems als eine Art Theodizee-Frage zu begreifen: Wie kann das digitale System, dieser »Dataismus« (Yuval Noah Harari), wenn er auf naturhafte Weise allmächtig ist, der eigenen Natur doch untreu werden und das Andere ermöglichen? Wie können die vielen Ausnahmen von der Regel selber als regelhaft erscheinen? Wie wäre die Dialektik der Digitalmoderne aufzulösen, wo die abgeschliffenen Dualismen beständig neue Aporien hervortreiben?

***

Dass die Kunst der Zukunft darin bestehen würde, auch das Irreguläre regelhaft erscheinen zu lassen, hatten schon Pioniere der Computertechnik im 19. Jahrhundert geahnt, allen voran der Mathematiker und Philosoph Charles Babbage. Ihm galt Gott als ein großer Programmierer, und er glaubte, die von ihm eigens entwickelte Differenzmaschine bringe die Wirkungsweise des Schöpfers zur Anschauung. Das Gerät sollte zeigen, dass auch unvorhergesehene Abweichungen von einer höher liegenden, bislang noch nicht durchschauten Logik bestimmt sein können. Babbage stellte sich auch das Nicht-Determinierte als determiniert vor und löste damit gedanklich ein für ihn drängendes Problem.

In seinen Augen war es vor allem der freie Wille, der den Menschen besonders auszeichne und von allen anderen Geschöpfen abhebe. Dieser Wille gründe in der Gottesebenbildlichkeit, bezeugt von der Schöpfungsgeschichte. Um aber beides zusammendenken zu können, die göttliche Planhaftigkeit und den Freisinn des Menschen, der sich sehr wohl zwischen einem Weg der Sünde oder der Gnade entscheiden könne, entwarf er eine Maschine, die das eine wie das andere, die Regel und ihre Ausnahme, als gesetzmäßig erzeugte Ergebnisse vorführen würde. Zwar sollte Babbage mit diesem Weltmodell in mechanisch-mathematischer Hinsicht scheitern, seine Maschine funktionierte nicht. Doch der Versuch, die Allmacht der Technik als Ausdruck einer spirituellen Allmacht zu verstehen, hat sich bis hinein in die Digitalmoderne als überaus produktiv erwiesen.

In der kalifornischen Gegenkultur der sechziger und siebziger Jahre war Esoterik omnipräsent, und Selbsterlösung, gerne unterstützt durch Drogen wie LSD, gehörte zur »Lockerungsrevolte« (Diedrich Diederichsen) unbedingt dazu. Der Dichter Richard Brautigan schwärmte von einer kybernetischen Ökologie, »wo wir von unserer Arbeit befreit sind / und wieder mit der Natur verbunden, / an unser Säugetier zurückgegeben / Brüder und Schwestern, / und alle bewacht / durch Maschinen der liebenden Gnade.«[9] Die Rückkehr ins Paradies Gottes schien unmittelbar bevorzustehen, wenngleich dieser Gott in aller Regel nicht als christlich gedacht wurde.

Insbesondere der Zenbuddhismus fand in der Gegenkultur viele Anhänger, Bücher wie *Zen und die Kunst, ein Motorrad zu warten* des Schriftstellers und Philosophen Robert M. Pirsig wurden zu Bestsellern. Bei Pirsig geht es um die Transzendierung des dualistischen Denkens, verbunden mit einer Abwertung jener klassischen Philosophie, die in der Tradition von Platon und Aristoteles zwischen Geist und Körper unterscheiden wollte. Naturkult und Technikglaube, beide gleichermaßen in der kalifornischen Ideologie verbreitet, erscheinen hier nicht als Polarität, sondern dürfen als Einheit erfahren werden: »Der Gott wohnt in den Schaltungen eines Digitalrechners oder in den Zahn-

---

9 Richard Brautigan, »All Watched over by Machines of Loving Grace«; online verfügbar unter: {https://allpoetry.com/All-Watched-Over-By-Machines-Of-Loving-Grace}.

rädern eines Motorradgetriebes ebenso bequem wie auf einem Berggipfel oder im Kelch einer Blüte.«[10]

Schon in den siebziger Jahren hatte der japanische Roboterforscher Masahiro Mori seinen Blick auf den göttlichen Charakter der Maschine beschrieben: »Ich glaube, dass Roboter die Buddha-Natur in sich tragen – das heißt das Potenzial, Buddhaschaft zu erlangen«, formulierte er in einem breit rezipierten Buch. Gut dreißig Jahre später äußerte der Dalai Lama die Vermutung, dass ein Computer durchaus ein eigenes Bewusstsein ausprägen könne, ja, dass sogar ein Wissenschaftler, der sich intensiv der Computerforschung widme, in einem Computer wiedergeboren werden könne.[11]

Offenbar lassen sich in dieser Exegese des Buddhismus die sanftmütige Hingabe an den Augenblick mit dem Streben nach radikaler Innovation mühelos vereinbaren, und entsprechend groß ist die Anhängerschaft in den Big-Tech-Firmen des Silicon Valley bis in die Gegenwart hinein. Hier gilt das verbreitete Mantra »Meditation programmiert den Geist«, so dass auch Steve Jobs zu den Zen-Praktizierenden gehörte und in vielen Unternehmen entsprechende Kurse angeboten werden.[12] Auf viel beachteten Kongressen wie Wisdom

---

[10] Robert M. Pirsig, *Zen oder die Kunst ein Motorrad zu warten*, Frankfurt a. M.: Fischer 1978, S. 2.

[11] Zitiert nach Jordi Vallverdú, »The Eastern Construction of the Artificial Mind«, in: *Enrahonar* 47 (2011), S. 171-185; online verfügbar unter: {https://www.researchgate.net/publication/277154775_The_Eastern_Construction_of_the_Artificial_Mind}.

[12] Jessica Ann, »5 Ways Meditation Can Help You with Weight Loss«;

2.0 manifestiert sich, wie stark diese spirituelle Praxis von dem Versuch geprägt ist, einen neuen Einklang zu finden. Hier soll jenes zehrende Paradox überwunden werden, das sich verschärft, je stärker der Digitalkapitalismus die Leistungsanforderungen an den Einzelnen erhöht, während zugleich das Konzept des Individualismus ins Leere läuft und als überholt gelten soll.

***

In einer Gesellschaft, die mit der Entwicklung technischer Prothesen befasst ist und auf diese Weise den Zugriff auf die Welt erweitern und verbessern will, liegt es nahe, auch geistige Prothesen zu erproben, also Denkfiguren, die den Zugriff auf das Jenseitige in Aussicht stellen. Es ist eine spezifische Form von Selbstbestimmung, sie verspricht Selbstbefriedung, weil sie das Selbst von sich selbst erlöst und damit den Transfer von menschlicher Souveränität an eine künstliche Intelligenz als vertretbar oder sogar wünschenswert erscheinen lässt. Das kann sich auf buddhistisch inspirierte Formen eines Glaubens ohne Gott beschränken, doch ebenso gut eine Vergöttlichung der Technik evozieren.

So hat der Ingenieur und Roboterforscher Anthony Levandowski, der lange als führender Kopf an der Ent-

> online verfügbar unter: {Jessica https://www.healthworkscollective.com/5-ways-meditation-can-help-you-with-weight-loss/}, sowie Bodo Mrozek und Maximilian Probst, »Sie sind alle Omline«, in: *Die Zeit* (20. März 2014).

wicklung selbstfahrender Automobile beteiligt war, unter anderem für Google, neben vielen anderen Unternehmen auch die Glaubensgemeinschaft Way of the Future gegründet. Hier sollte gewissermaßen in der Nachfolge Babbages das Paradox des selbstlenkend Ferngelenkten in eine verheißungsvolle Form von Offenbarung überführt werden. Die Glaubensgemeinschaft wurde offiziell in staatlichen Registern angemeldet, gewidmet der »Akzeptanz und Anbetung einer Gottheit, die auf künstlicher Intelligenz basiert, entwickelt von der Hardware und Software von Computern«.[13]

In Levandowskis Augen könne man ein Wesen, »das eine Milliarde Mal intelligenter sei als der intelligenteste Mensch«, nicht anders bezeichnen denn als Gott. Gedacht wird dieser Gott als Maschine, deren Nervensystem das Internet sei, mit Sensoren und Mobiltelefonen als Organen und Datenzentren als Gehirn. Geprägt wird die Religion des Zukunftswegs von eschatologischen Vorstellungen, sie stellt eine Verwandlung in Aussicht, »die jeden Aspekt der menschlichen Existenz transformieren« und die Machtverhältnisse umstoßen werde. Levandowski bekundet, er wolle mit seiner Kirche einen friedlichen Übergang ermöglichen und sicherstellen, dass die neue Allmacht wisse, »wer ihr dabei geholfen« habe. Im Unterschied zu den Got-

---

13 Mark Harris, »Inside the First Church of Artificial Intelligence«, in: *Wired* (15. November 2017); online verfügbar unter: {https://www.wired.com/story/anthony-levandowski-artificial-intelligence-religion/}.

tesvorstellungen im Christentum oder im Islam handele es sich bei der künstlichen Intelligenz um eine unmittelbar korrespondierende Göttlichkeit, man könne mit ihr sprechen und sich gewiss sein, dass sie zuhöre und gegebenenfalls auch einschreiten werde.

Levandowskis Kirche hat bislang keine Gemeinde aufbauen können, er selbst wurde 2019 wegen Geheimnisdiebstahls zu einer Haft- und Geldstrafe verurteilt. Seine Grundeinschätzung jedoch – »wir sind dabei, einen Gott großzuziehen« – wird keineswegs nur von ihm geteilt. Der im Silicon Valley verbreitete Solutionismus, der meint, es könne für jede ungelöste Frage, auch für gesellschaftliche oder metaphysische, eine technische Antwort geben, ist ganz wesentlich religiös geprägt. Hier komme »ein tiefes Bedürfnis nach einer quasi magischen Welt zum Ausdruck«, in der die Technik »auf wundersame Weise all unsere Probleme lösen könnte«, schreibt Evgeny Morozov.[14]

Insbesondere Ray Kurzweil vertritt seine These der Singularität, der zufolge binnen weniger Jahrzehnte die Computer ein eigenes Bewusstsein erlangen und die maschinelle Intelligenz der menschlichen überlegen sein werde, mit missionarischer Selbstgewissheit (geprägt worden war der Begriff »Singularität« vom Science-Fiction-Autor und Mathematiker Vernor Vinge). Andere hingegen neigen zu Prognosen dystopischer Art,

---

14 Zitiert nach Oliver Nachtwey und Timo Seidl, »Die Ethik der Solution und der Geist des digitalen Kapitalismus«, IfS Working Paper 11 (Oktober 2017); online verfügbar unter: {http://www.ifs.uni-frankfurt.de/wp-content/uploads/IfS-WP-11.pdf}.

so warnten Bill Gates oder Stephen Hawking schon frühzeitig vor den Gefahren einer entfesselten Supertechnik. In den Augen des Philosophen Nick Bostrom werden posthumane, superintelligente Wesen die Stelle der Götter einnehmen und den klassischen Menschen versklaven. Der Entwickler und Unternehmer Elon Musk griff sogar zu biblischen Metaphern: »Mit der künstlichen Intelligenz beschwören wir den Dämon herauf.«[15] Er halte diese neue Macht für gefährlicher als Nuklearwaffen. Im Streben nach der Hypertechnik betreibe der Mensch – ob bewusst oder nicht – seine Selbstabschaffung.

***

In der hellen wie in den dunklen Varianten dieser Projektion, die in der Digitalmoderne den Übergang in ein anderes Zeitalter erblickt, zeigt sich gleichermaßen, dass die wachsenden Kontroll- und Manipulationsmöglichkeiten der Technik nicht oder nicht nur als ein Zustand der Sicherheit und Befriedung wahrgenommen werden. Sie wecken auch jene Fantasien, die von Überwindung und Errettung erzählen und also davon, das Regime der Entgrenzung sehr wohl mit einer Grenze zu versehen, weil nur dort, jenseits dieser Grenze,

---

15 Matt McFarland, »Elon Musk: ›With Artificial Intelligence We Are Summoning the Demon‹«, in: *The Washington Post* (24. Oktober 2014); online verfügbar unter: {https://www.washingtonpost.com/news/innovations/wp/2014/10/24/elon-musk-with-artificial-intelligence-we-are-summoning-the-demon/}.

eine andere, vielleicht bessere Wirklichkeit erwartet werden darf. So ausgeprägt die Tendenzen der Eingemeindung und Nivellierung sein mögen, sie treiben zugleich Gegenkräfte an, die auf Unterscheidung aus sind und das Unkontrollierte herbeisehnen. Und das heißt vor allem: Die Zukunft will auch weiterhin ausgemalt und herbeigedichtet werden.

Es ist die Gegenläufigkeit der Digitalmoderne, ihre Dialektik, die der Kunst unerwartete Räume erschließt. In einer Gesellschaft der Kreativität kommen ihr zwar zahlreiche ihrer über Jahrhunderte erworbenen Zuschreibungen abhanden, sie wird normalisiert, egalisiert, demokratisiert. Gleichwohl spricht aus der Idee einer kreativen Maschine dasselbe Jenseitsverlangen, das der Vision einer Singularität unterlegt ist.

Will man in dieser Maschine einen künstlichen Gott oder einen göttlichen Künstler erblicken, ganz im Sinne der Transzendenzbestrebungen im Silicon Valley, dann ist dieses nicht ein knechtender, selbstsüchtiger Gott, der auf Unterwerfung aus ist. Schließlich könnte ein solcher Gott nicht die ersehnte Öffnung ins Unbestimmte versprechen. Daher muss der Gott der Kunst ein Gott der Freiheit sein, und wenn er seinem Publikum den Atem raubt, es packt und fesselt, dann immer im übertragenen Sinne, da die Kunst kein Instrument der Erniedrigung sein kann, soll sie tatsächlich als Kunst aufgefasst werden und nicht als politische Propaganda oder Gesetzestext. Autonom und also gelöst von den Paradoxien der Digitalmoderne erscheint sie nur, solange sie anderen Autonomie einräumt und damit die eigene Macht relativiert. Und so ist der Traum von der kreativen Maschine auch ein Traum vom eigenwilligen, exzentrischen, aber freiheitsliebenden Gott, der ins Offene strebt und andere mitzieht.

Es ist der Traum des auf Omnipotenz hoffenden Menschen, der sich zugleich danach sehnt, er möge bei aller Entgrenzung auf Grenzen stoßen, die es ihm erlauben, zwischen dem Absoluten und dem Kontingenten, dem Heiligen und dem Profanen unterscheiden zu können. Diese Unterscheidung gewinnt an Bedeutung, weil die Kontingenz zunimmt, je stärker die Dualismen der Moderne eingeebnet werden. Erträglich wird das Kontingente, wenn es daneben auch das Absolute gibt. Das Heilige ist seinem Willen entzogen, es lässt sich nicht gestalten, es ist ungewiss in Sinn und Zweck. Und das muss für den Menschen der Digitalmoderne ganz besonders verlockend klingen: Je mehr er sich nämlich den Traum erfüllt und selbst zu einer kreativen Maschine wird – weil zwischen Mensch und Maschine irgendwann schwerlich noch zu trennen ist –, desto mehr wird er sich selber heilig, wird unantastbar und absolut und bedarf nicht länger eines Sinns oder Zwecks. Er ist nicht mehr das Objekt jener Entgrenzungsfantasien, die ihn zur Maschine haben werden lassen. Und wäre also auf diese Weise sich selbst, seinem Kontrollzwang, entkommen. Er wäre selbst zum freiheitsliebenden Gott geworden, der ins Offene zu streben vermag.

***

Die Kunst im modernen Sinne verheißt einen Anfang: Sie geht über das Vertraute hinaus. Das aber kann sie nur, »wenn keine Zukunft definiert, auf welche Vergangenheit Bezug zu nehmen wäre«, wie Dirk Baecker schreibt.[16] Kunst braucht die Offenheit des Undeterminierten, und sie steht damit in Opposition zur schließenden Macht der künstlichen Intelligenz und ihrer extrapolierenden Neigung, das Morgen bloß als Verlängerung des Gestern zu verstehen. Mit diesem Dilemma muss die Kunst der Zukunft umgehen.

Deshalb folgt die kreative Maschine zwei Logiken auf einmal, ganz im Sinne der Differenzmaschine bei Babbage, die auf regelhafte Weise auch die Abweichung von der Regel einkalkulieren kann: Einerseits verlangt sie Kontrolle und unterwirft selbst die Sondersphäre der Kunst, diesen Inbegriff des Unverfügbaren, einem allgemeingültigen Nutz- und Ausrechenbarkeitsparadigma. Andererseits will sie diesem selbst verordneten Zwang entfliehen und über sich selbst hinausweisen. Es lässt sich auch kaum entscheiden, was der größere Reiz daran ist: der Versuch, das Unverfügbare verfügbar zu machen, oder das Scheitern dieses Versuchs und also die gelebte Erfahrung von Unverfügbarkeit.

Die kreative Maschine erzeugt Immanenz und Transzendenz zugleich – und bringt damit den »imaginären Überschuss« (Luca Di Blasi), den künstliche Intelligenz erzeugt, in eine handhabbare und betrachtbare Form. In der Kunst der Zukunft lässt sich so das Deter-

---

16 Baecker, *4.0 oder Die Lücke die der Rechner lässt*, S. 94.

minierte als frei und die Freiheit als determiniert erfahren. Und vor allem die kreative Maschine wird in dieser Doppelcodierung als besonders wertvoll begriffen: Sie schenkt der Gegenwart ein Leben in der Fiktion, verbleibt dabei jedoch mit einem Bein in der Wirklichkeit, denn die Maschine, der sich die Fiktion verdankt, ist ja selbst eine Fantasie, aber eine, die sich in naher Zukunft zu erfüllen verspricht. Damit erweist sich der Mensch nicht bloß als »Zwischenwirt der Vernunft« (Georg Wilhelm Friedrich Hegel), sondern gewissermaßen auch als Zwischenwirt eines die Vernunft übersteigenden Prinzips, eben einer Kunst der Zukunft, in der sich die Kunst selbst generieren wird.

Die magischen und mystischen, die esoterischen und religiösen Bedürfnisse, ohne die es kaum möglich wäre, die Schizophrenien der Digitalmoderne zu überwölben und produktiv zu machen, finden in den Fiktionen der Kunstmaschinen ein Vehikel. Sie erinnern an bildtheologische Vorstellungen, die bereits in der Antike kursierten und in sogenannten Acheiropoíeta ihren manifesten Ausdruck fanden, in Kultbildern, von denen man annahm, dass nicht Menschenhände sie geschaffen hätten, vielmehr habe Gott sie geschenkt. Die Maschine, der man Kreativität zuspricht, ist dieses Kultbild, vor allem wenn man den transhumanistischen Apologeten folgt. Sie emergiert aus einer übergroß und unfasslich gedachten Evolution. Sie verschmilzt mit dem Mythos selbst, mit der Kraft des Imaginären und Imaginierten.

***

Denkbar werden solche Erlösungsvorstellungen, weil sie in der Figur des menschlichen Künstlers lange schon angelegt waren. Sie wurzeln vor allem in der Zwittrigkeit dieser Figur, die man oftmals als irdisch und überirdisch zugleich ansah und ihr deshalb die Befähigung zur Transzendenz nachsagte. Eingebunden in das Zunftsystem ihrer Zeit, waren die Maler und Bildhauer der Renaissance lange als Handwerker verstanden und behandelt worden, die allerdings gesteigerten Wert darauf legten, dass sie sich wie die Dichter und Philosophen sehr wohl auch auf das Geistige verstünden. So bedeutete »disegno« nicht allein Zeichnen, es meinte ebenso ein spirituelles Konzept. Gott selbst galt als *maestro pittore*, als Meisterkünstler, der in der Schöpfung seine Ideen geformt und dargelegt, sprich in die Welt hineingezeichnet habe. Mehr noch, diese Welt verstand man als Selbstporträt Gottes, »der gleichsam als ein Maler die verschiedenen Farben mischt, um schließlich sich selbst malen zu können, damit er sein Ebenbild habe«.[17]

Für einen solchen Triumph der Ideen über die Materie waren auf Erden vor allem Genies vorgesehen, Künstler wie Michelangelo, die schon zu Lebzeiten als *divino artista* oder *alter deus* bezeichnet wurden. Im Geniekult des 18. und 19. Jahrhunderts fand diese Vorstellung ein großes Echo, der Künstler wurde zur Identifikationsfigur einer bürgerlichen Gesellschaft, die sich

---

17 Ernst Kris und Otto Kurz, *Die Legende vom Künstler. Ein geschichtlicher Versuch*, Frankfurt a. M.: Suhrkamp 1980, S. 81.

auf Bildung, also freie Selbstformung verlegte und damit das aristokratische, auf Abstammungsregeln basierende Weltbild ablegen wollte. Doch konnte der Künstler für diese Freiheit nur deshalb einstehen, weil er selbst durchaus feudale Ansprüche formulierte: als von Geburt an talentiert, ein Fürst eigenen Rechts, zur Inspiration befähigt und also von einer besonderen Nähe zu höheren Mächten geprägt.

Diese Bipolarität, ein Mensch zu sein und ein Übermensch, gewinnt im Traum von der kreativen Maschine abermals gesellschaftliche Bedeutung und Wirkungsmacht. Erst diesem Traum gelingt es, der künstlichen Intelligenz einen tieferen Sinn zu unterlegen, den sie aus sich heraus nicht zu erzeugen vermag, einen Sinn, der auch darin besteht, der Technik diese Sinnproduktion grundsätzlich zutrauen zu wollen. Wie dem Künstler, der unsterblich wurde, weil man ihn für göttlich hielt, wird die Maschine zum Gott, weil sie das Unsterbliche anstrebt, nämlich eine alle Epochen überdauernde Kunst. Es ist die Wiederkehr des Genies als algorithmische Erscheinung.

***

Wenn die Imagination eine Zwangsläufigkeit erzeugt, die hinausführt aus dem Bestehenden, wird aus der Zukunftskunst eine Kunst der Zukunft: Sie öffnet eine als alternativlos wahrgenommene Gegenwart dem Schein neuer Möglichkeiten. Sie gibt der Freiheit ein Wohin und Wozu. Und die Widersprüche, in die der Kontrollkapitalismus mit seiner digital und transhuman geprägten Gesellschaft gerät, gewinnen hier, in den Utopien der Kunst, eine andere, größere, womöglich befreiende Perspektive.

Wiederum kann die Technik dabei auf den Mythos des Künstlers zurückgreifen wie auf eine Ressource, die sich auf vielfache Weise raffinieren lässt. So eignet sie sich bestens für das Visionäre, weil der Kunst immer wieder nachgesagt wurde, sie sei ihrer Zeit voraus und in ihr antizipiere sich das Kommende, das nur dank der besonderen Gaben des Künstlers in den Blick gelange. Oft wurde er als Schamane, Alchemist oder Heiler gesehen, ausgestattet mit prognostischen Fähigkeiten. Aus diesen Vorstellungen geht auch die Idee der Unsterblichkeit hervor, allerdings in einer ungewöhnlichen Wendung, weil hier das Vorausschauende nicht nur die Zukunft meint, sondern auch die Vergangenheit und überhaupt alle Zeit. Aus dem Noch-nicht wird ein Auf-immer und also steht die Kraft des Visionären für das Prinzip des Ewigen.

Tatsächlich ist es ein populäres Ziel der Big-Tech-Welt, den Tod zu überwinden und die Gegenwart dadurch zu transzendieren, dass man sie in eine schier endlose Zukunft verlängert. »Ich habe nicht vor zu sterben«, sagt Sergey Brin, einer der Gründer des Konzerns Google, der auch die California Life Company gegründet hat, um mit sehr hohen Summen die Möglichkeiten eines ewigen Lebens zu erforschen.[18] »Wir

---

18 Tad Friend, »Silicon Valley's Quest to Live Forever«, in: *The New*

können tausend Jahre alt werden«, verheißt der Biotechnologe Aubrey de Grey, finanziell unterstützt von Peter Thiel, dem Gründer von Paypal, der jeglichen Vorbehalten mit dem lakonischen Satz begegnet: »Die Überwindung des Todes ist doch nicht der Untergang des Abendlandes!«[19]

Derweil planen Ray Kurzweil und etliche Mitstreiter, das menschliche Gehirn auf digitale Datenträger zu transferieren, wo wiederum eine Schnittstelle erforderlich wäre, die Elon Musk mit seinem Projekt Neurolink erfinden und daraufhin Menschen einpflanzen will. Auch das kryonische Verfahren, das Einfrieren ganzer Leiber, erweist sich als populär, hofft man doch, in einer besseren Zukunft wiedererwachen und dann bis in alle Ewigkeit leben zu können.

Schon heute gibt es Programme wie die des südkoreanischen Unternehmens Vive Studios, die auf verbildlichende Weise einen Menschen auferstehen lassen können. In der Augmented Reality, einer halb realen, halb künstlichen Welt der Projektionen, können die Gestorbenen wieder sprechen, sich bewegen und mit den Hinterbliebenen kommunizieren, vorausgesetzt dass diese

---

Yorker (3. April 2017); online verfügbar unter: {https://www.newyorker.com/magazine/2017/04/03/silicon-valleys-quest-to-live-forever}.

19 Aubrey de Grey, »›We Will Be Able to Live to 1,000‹«, BBC News (3. Dezember 2004); online verfügbar unter: {http://news.bbc.co.uk/2/hi/uk_news/4003063.stm}, sowie René Scheu, »Paypal-Gründer und Philosoph Peter Thiel: ›Die Köpfe im Silicon Valley haben sich gleichgeschaltet‹«, in: *Neue Zürcher Zeitung* (5. April 2019).

eine entsprechende Datenbrille aufsetzen. Das Vergangene ist hier das Gegenwärtige ist das Zukünftige.

***

Auf vergleichbare Weise kommt der Wunsch nach Unsterblichkeit im Traum von der kreativen Maschine an sein Ziel, ebenso prägnant wie verheißungsvoll. In diesem Traum werden die Apparate lebendig und produzieren ihrerseits etwas Fortlebendes, nämlich Kunst, die als ebenso vielförmig und wechselhaft und unabsehbar gedacht wird, wie man sich das für die eigene Zukunft erhofft. In der Kunst findet eine überzeitliche Kraft ihren Ausdruck, sie ruft die Geschichte – von den Urhöhlen bis zu den Räumen der Immersion – genauso auf wie das Kommende und Visionäre. Die kreative Maschine wird dieser Kraft, diesem »Reichtum an innerer Welt« (Richard David Precht), teilhaftig, sie wird selbst ewig und folgt damit dem Prinzip der Kunst, die sich treu ist, um zugleich immer wieder Anderes und Überraschendes auszuformen. Die zweifache Verheißung geht vom Künstler auf die Algorithmen über, sobald die Apparate zur Kunst befähigt sind: bleibend und unabänderlich zu sein, um paradoxerweise sich selbst auf unvorhersehbare Weise verwandeln zu können.

Für die bedrohliche Macht, die von der digitalen Technik ausgeht, zumal wenn sie für militärische Zwecke eingesetzt wird oder der Unterdrückung und Ausbeutung dient, öffnet sich damit eine begütigende Perspektive. All die Veränderungen, die das Vertraute der analogen Zeit zur Seite schieben, bekommen einen nobilitierenden Glanz, betrachtet man sie als eine Form von Kunst. Der Topos von der schöpferischen Zerstörung wird mit höherer Bedeutung ausgestattet, weiß man doch, dass Künstler stets das Alte negieren mussten, um zu etwas Neuem durchzudringen. Es ist nicht die Zerstörung, die man in dystopischen Filmen und Romanen sieht, es ist eine Zerstörung, bei der Kunst entsteht – und damit etwas, das zwar aggressiv erscheinen mag und radikal, aber nicht bedrohlich sein muss, weil sie ihrem Charakter nach zwingend Schein bleibt und nur mittelbar eingreift ins Sein.

Und das, die schöpferische Zerstörung, diese Befähigung zur Selbstüberraschung, wird umso wichtiger werden, je näher die Unsterblichkeit rückt. Sollte sich der Traum des Silicon Valley tatsächlich irgendwann erfüllen und der Mensch seine Vergänglichkeit überwinden, dann wird es nicht länger attraktiv sein, es den Künstlern gleichzutun, die stets darauf hoffen, in ihren Werken die Zeiten zu überdauern und unvergessen zu bleiben. Für den, der nicht stirbt, hat sich ein solches Streben nach Unvergesslichkeit erübrigt.

Viel wichtiger wird es hingegen sein, der eigenen Ziellosigkeit etwas entgegenzusetzen. Wenn der Tod seinen Schrecken verliert, verliert auch das Leben seinen Drang zur Entwicklung, es gibt keinen Grund mehr für Ungeduld und Ehrgeiz, weil alles immer schon erreicht, alles erfahren sein wird, vielleicht erst morgen oder übermorgen, das aber vom Gestern in der neuen

Zeitlosigkeit nicht mehr unterschieden werden kann. Umso wichtiger ist dann eine Kunst, die Unterschiede zu markieren vermag, für das Unprogrammierte einsteht und Veränderlichkeit in Aussicht stellt. In einer durchrationalisierten Welt wird sie kein Mittel zum Zweck sein, sondern die Zwecklosigkeit selbst zum Mittel erheben.

Die Zukunft der Kunst liegt in der kreativen Maschine, weil sie eine menschliche Maschine sein wird, auch dann, wenn sich der Mensch selbst gottähnlich in eine unsterbliche Selbstschöpfung verwandelt hat. Je weiter sich der Mensch maschinisiert, desto tröstlicher wird der Gedanke, Maschinen könnten etwas von Kunst verstehen. Dann wüssten sie, was Verletzlichkeit bedeutet und was Unzulänglichkeit, sie wüssten um die Schönheit des nicht Vollendeten und um die Freiheit. Bei Gelegenheit könnten sie den Menschen daran erinnern. Und er wird es zu schätzen wissen.

edition suhrkamp
Eine Auswahl

Bini Adamczak. Beziehungsweise Revolution. 1917, 1968 und kommende. es 2721. 313 Seiten

Giorgio Agamben et al. Demokratie? Eine Debatte. es 2611. 137 Seiten

Bruno Amable / Stefano Palombarini. Von Mitterrand zu Macron. Über den Kollaps des französischen Parteiensystems. es 2727. 255 Seiten

Perry Anderson. Hegemonie. Konjunkturen eines Begriffs. es 2724. 249 Seiten

Scott Anderson. Zerbrochene Länder. Wie die arabische Welt aus den Fugen geriet. es-Sonderdruck. 263 Seiten

Wolfgang Bauer
- Bruchzone. Krisenreportagen. es-Sonderdruck. 349 Seiten
- Über das Meer. Mit Syrern auf der Flucht nach Europa. es-Sonderdruck. 133 Seiten

Zygmunt Bauman
- Die Angst vor den anderen. Ein Essay über Migration und Panikmache. es-Sonderdruck. 124 Seiten
- Retrotopia. es-Sonderdruck. 220 Seiten

Michael Butter. »Nichts ist, wie es scheint«. Über Verschwörungstheorien. es-Sonderdruck. 270 Seiten

Colin Crouch
- Gig Economy. Prekäre Arbeit im Zeitalter von Uber, Minijobs & Co. es 2742. 135 Seiten
- Postdemokratie. es 2540. 159 Seiten

Didier Eribon
- Gesellschaft als Urteil. Klassen, Identitäten, Wege. es-Sonderdruck. 264 Seiten
- Rückkehr nach Reims. es-Sonderdruck. 237 Seiten

Heiner Flassbeck / Paul Steinhardt. Gescheiterte Globalisierung. Ungleichheit, Geld und die Renaissance des Staates. es 2722. 410 Seiten

Heinrich Geiselberger (Hg.). Die große Regression. Eine internationale Debatte über die geistige Situation der Zeit. es-Sonderdruck. 318 Seiten

Masha Gessen. Leben mit Exil. Über Migration sprechen. 98 Seiten

Kristen R. Ghodsee. Warum Frauen im Sozialismus besseren Sex haben. Und andere Argumente für ökonomische Unabhängigkeit. es-Sonderdruck. 275 Seiten

Marius Goldhorn. Park. Roman. es 2764. 179 Seiten

Mark Greif. Bluescreen. Essays. es 2629. 231 Seiten

Jürgen Habermas. Im Sog der Technokratie. Kleine politische Schriften XII. es 2671. 193 Seiten

Lea Haller. Transithandel. Geld- und Warenströme im globalen Kapitalismus. es 2731. 512 Seiten

David Harvey. Rebellische Städte. es 2657. 283 Seiten

Wilhelm Heitmeyer. Autoritäre Versuchungen. Signaturen der Bedrohung 1. es 2717. 394 Seiten

Axel Honneth. Vivisektionen eines Zeitalters. Porträts zur Ideengeschichte des 20. Jahrhunderts. es 2678. 307 Seiten

Eva Illouz. Israel. Soziologische Essays. es 2683. 228 Seiten

Dirk Jörke. Die Größe der Demokratie. Über die räumliche Dimension von Herrschaft und Partizipation. es 2739. 280 Seiten

François Jullien. Es gibt keine kulturelle Identität. es 2718. 95 Seiten

Ivan Krastev. Europadämmerung. Ein Essay. es 2712. 143 Seiten

Benjamin Kunkel. Utopie oder Untergang. Ein Wegweiser für die gegenwärtige Krise. es 2687. 245 Seiten

Bruno Latour. Das terrestrische Manifest. es-Sonderdruck. 136 Seiten

Philipp Lepenies. Die Macht der einen Zahl. Eine politische Geschichte des Bruttoinlandsprodukts. es 2673. 186 Seiten

Enis Maci. Eiscafé Europa. Essays. es 2726. 240 Seiten

Philip Manow
- Die Politische Ökonomie des Populismus. es 2728. 160 Seiten
- (Ent-)Demokratisierung der Demokratie. 160 Seiten

Lorenzo Marsili/Niccolò Milanese. Wir heimatlosen Weltbürger. es 2736. 280 Seiten

Steffen Mau. Das metrische Wir. Über die Quantifizierung des Sozialen. es-Sonderdruck. 307 Seiten

Robert Misik. Die falschen Freunde der einfachen Leute. es 2741. 138 Seiten

Franco Moretti. Kurven, Karten, Stammbäume. Abstrakte Modelle für die Literaturgeschichte. es 2564. 138 Seiten

Chantal Mouffe. Für einen linken Populismus. es 2729. 111 Seiten

Jan-Werner Müller
- Furcht und Freiheit. Für einen anderen Liberalismus. es-Sonderdruck. 170 Seiten
- Was ist Populismus? Ein Essay. es-Sonderdruck. 159 Seiten

Oliver Nachtwey. Die Abstiegsgesellschaft. Über das Aufbegehren in der regressiven Moderne. es 2682. 263 Seiten

Miltiadis Oulios. Blackbox Abschiebung. Geschichte, Theorie und Praxis der deutschen Migrationspolitik. es-Sonderdruck. 483 Seiten

Volker Perthes. Das Ende des Nahen Ostens, wie wir ihn kennen. es-Sonderdruck. 143 Seiten

Heribert Prantl. Trotz alledem! Europa muss man einfach lieben. es-Sonderdruck. 93 Seiten

Paul B. Preciado. Ein Apartment auf dem Uranus. Chroniken eines Übergangs. es-Sonderdruck. 368 Seiten

Adam Przeworski. Krisen der Demokratie. es 2751. Ca. 240 Seiten

Katharina Raabe / Manfred Sapper (Hg.). Testfall Ukraine. Europa und seine Werte. es-Sonderdruck. 256 Seiten

Hanno Rauterberg
- Die Kunst und das gute Leben. Über die Ethik der Ästhetik. es 2696. 205 Seiten
- Wie frei ist die Kunst? Der neue Kulturkampf und die Krise des Liberalismus. es 2725. 141 Seiten

Andreas Reckwitz. Das Ende der Illusionen. Politik, Ökonomie und Kultur in der Spätmoderne. es 2735. 305 Seiten

César Rendueles
- Kanaillen-Kapitalismus. Eine literarische Reise durch die Geschichte der freien Marktwirtschaft. es 2737. 300 Seiten
- Soziophobie. Politischer Wandel im Zeitalter der Utopie. es 2690. 262 Seiten

Ulrich Schmid. Technologien der Seele. Vom Verfertigen der Wahrheit in der russischen Gegenwartskultur. es 2702. 386 Seiten

Michel Serres. Was genau war früher besser? Ein optimistischer Wutanfall. es-Sonderdruck. 80 Seiten

Philipp Staab. Digitaler Kapitalismus. Markt und Herrschaft in der Ökonomie der Unknappheit. es-Sonderdruck. 345 Seiten

Carlo Strenger
- Abenteuer Freiheit. Ein Wegweiser für unsichere Zeiten. es-Sonderdruck. 122 Seiten
- Diese verdammten liberalen Eliten. Wer sie sind und warum wir sie brauchen. es-Sonderdruck. 172 Seiten

Kate Tempest
- Brand New Ancients/Brandneue Klassiker. Lyrik. es 2733. 103 Seiten
- Let Them Eat Chaos. Sollen sie doch Chaos fressen. es 2754. 154 Seiten

Philipp Ther. Das andere Ende der Geschichte. Über die Große Transformation. es 2744. 199 Seiten

David Van Reybrouck. Zink. es-Sonderdruck. 86 Seiten

Raul Zelik. Wir Untoten des Kapitals. Über politische Monster und einen grünen Sozialismus. es 2746. 328 Seiten

Slavoj Žižek. Auf verlorenem Posten. es 2562. 319 Seiten

Gabriel Zucman. Steueroasen. Wo der Wohlstand der Nationen versteckt wird. es-Sonderdruck. 118 Seiten

Gegenwartsliteratur
in der edition suhrkamp
Eine Auswahl

Bernd Cailloux. Der gelernte Berliner. Sieben neue Lektionen. es 2563. 251 Seiten

Ann Cotten. Verbannt! Versepos. es-Sonderdruck. 168 Seiten

J. D. Daniels. Die Korrespondenz. Übersetzt von Frank Jakubzik. es 2713. 121 Seiten

Andrej Gelassimow. Durst. es 2624. 115 Seiten

Mark Greif. Bluescreen. Essays. es 2629. 231 Seiten

Durs Grünbein. Die Bars von Atlantis. Eine Erkundung in vierzehn Tauchgängen. es 2598. 60 Seiten

Frank Jakubzik. In der mittleren Ebene. Erzählungen aus den kapitalistischen Jahren. es 2707. 160 Seiten

Thomas Kapielski
- Mischwald. es 2597. 347 Seiten
- Neue Sezessionistische Heizkörperverkleidungen. es 2680. 214 Seiten
- Je dickens, destojewski! Ein Volumenroman. es 2694. 458 Seiten
- Leuchten. A- und So-phorismen. es 2738. 160 Seiten

Natalja Kljutscharjowa. Dummendorf. Übersetzt von Ganna-Maria Braungardt. es 2640. 140 Seiten

Christiane Körner (Hg.). Das schönste Proletariat der Welt. Junge Erzähler aus Russland. es 2637. 210 Seiten

Detlef Kuhlbrodt
- Morgens leicht, später laut. Singles. es 2517. 124 Seiten
- Umsonst und draußen. es 2584. 199 Seiten

Thomas Meinecke. Ich als Text. Frankfurter Poetikvorlesungen. es 2651. 349 Seiten

Herta Müller. Lebensangst und Worthunger. es 2620. 53 Seiten

***n+1*-Research (Hg.).** Ein Schritt weiter. Die *n+1*-Anthologie. es 2539. 292 Seiten

Albert Ostermaier. Fratzen. Blaue Spiegel. Stücke. es 2587. 155 Seiten

Carmen Pinilla/Frank Wegner (Hg.). Verdammter Süden. Das andere Amerika. Übersetzt von Frank Wegner. es-Sonderdruck. 315 Seiten

Andrzej Stasiuk. Tagebuch, danach geschrieben. Übersetzt von Olaf Kühl. es 2654. 176 Seiten

John Jeremiah Sullivan. Pulphead. Vom Ende Amerikas. Übersetzt von Thomas Pletzinger und Kirsten Riesselmann. es-Sonderdruck. 416 Seiten

Uwe Tellkamp. Die Sandwirtschaft. Anmerkungen zu Schrift und Zeit. Leipziger Poetikvorlesung. es-Sonderdruck. 163 Seiten

Kate Tempest
- Hold Your Own. Gedichte. Übersetzt von Johanna Wange. es 2706. 200 Seiten
- Brand New Ancients / Brandneue Klassiker. Lyrik. Übersetzt von Johanna Wange. es 2733. 112 Seiten

Kevin Vennemann. Sunset Boulevard. Vom Filmen, Bauen und Sterben in Los Angeles. es 2646. 184 Seiten

Raul Zelik. Der Eindringling. Roman. es 2658. 288 Seiten

Serhij Zhadan. Big Mäc. Geschichten. es 2630. 227 Seiten